오글조글 하나

- 동시
- 일기
- 편지
- 독후감
- 기행문
- 논술문
- 생활문
- 설명문

이름

『요글조글』의 특징

늘 똑같은 하루인데 어떻게 매일 일기를 쓰냐고요? 학교에서 내주는 다양한 글쓰기 숙제가 어렵다고요?

여러분과 똑같은 고민을 하는 행복이와 함께 『요글조글』에 실린 여덟 가지의 갈래별 글쓰기를 배워보세요.

이 책을 마칠 때쯤이면 어느새 무슨 글이든 척척 재미있고 창의적으로 쓰는 자신의 모습을 발견할 수 있을 거예요.

1단계 행복이 만나기

행복이가 겪은 일화 속에서 자연스럽게 각 차시에 배울 내용을 알 수 있어요.

2단계 생각 열기

배울 내용과 관련된 다양한 활동을 통해 수업에 대한 흥미와 집중도를 높여요.

3단계 따라 배우기

여덟 가지 갈래별 글의 특징과 쓰는 방법을 또래 친구들의 글과 비교하며 배워요.

4단계 나만의 글쓰기

배운 내용을 바탕으로 제시된 주제에 따라 통통 튀는 나만의 글을 써요.

■ 지침서는 홈페이지(www.niefather.com)에 올렸으니 내려받아 쓰세요.

차례 보기

- **행복한 일기 쓰기**
  - 이런 걸 빼먹으면 안 돼요 … 5
  - 내 생각 술술 끄집어내기 … 11
  - 남과 다른 방법으로 쓰자 … 17
- **톡톡 튀는 독후감 쓰기**
  - 꼭 글로만 표현해야 할까 … 23
  - 새롭게 안 사실 정리하기 … 29
  - 내 경험 넣어 실감 더하기 … 35
- **감동이 있는 동시 짓기** … 41
- **마음을 움직이는 편지 쓰기** … 47
- **특별하고 생생한 생활문 쓰기** … 53
- **자세하고 정확한 설명문 쓰기** … 59
- **현장감이 살아있는 기행문 쓰기** … 65
- **내 주장 똑떨어지는 논설문 쓰기** … 71
- **만점 원고지 쓰는 요령** … 77
- **답안과 풀이** … 81

행복한 일기 쓰기

이런 걸 빼먹으면 안 돼요

행복이는 일기를 쓰려면 한숨부터 나옵니다. 특별한 일도 없고, 일기 쓰는 방법도 항상 똑같아 일기 쓰기가 두렵기 때문이죠.

여러분도 행복이와 같은 고민을 하고 있나요?

날마다 똑같은 내용으로 반복되는 일기 쓰기는 싫어요. 나만의 특별한 일기를 써보지 않을래요?

 생각 열기

이 글도 일기가 될 수 있지 않을까요? 여러분의 생각은 어떤가요.

글 싣는 순서
1. 이런 걸 빼먹으면 안 돼요
2. 내 생각 술술 끄집어내기
3. 남과 다른 방법으로 쓰자

친구 일기 살펴보기

수정이의 일기예요. 어떻게 썼는지 함께 들여다봐요.

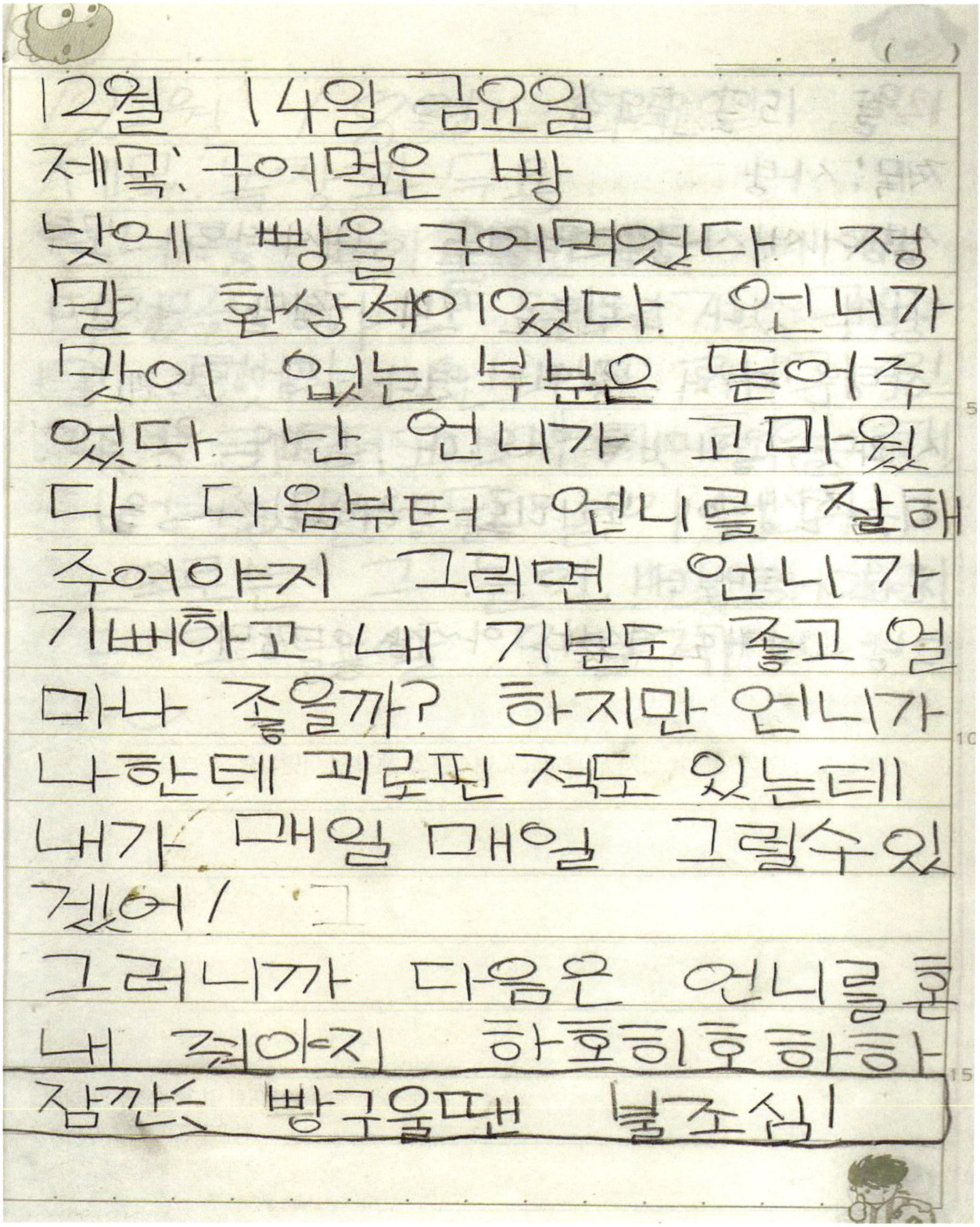

12월 14일 금요일
제목: 구어먹은 빵
낮에 빵을 구어먹었다. 정말 환상적이었다. 언니가 맛이 없는 부분은 뜯어주었다. 난 언니가 고마웠다. 다음부터 언니를 잘해주어야지 그러면 언니가 기뻐하고 내 기분도 좋고 얼마나 좋을까? 하지만 언니가 나한테 괴롭핀 적도 있는데 내가 매일 매일 그럴수 있겠어!
그러니까 다음은 언니를 혼내 걸아지 하호히호하하
잠깐 빵구울땐 불조심!

1. 일기에 들어간 내용을 찾아 모두 나열해요.

   ----

2. 수정이의 일기에서 빠진 내용은 무엇인가요?

   ----

3. 오늘 수정이에게 무슨 일이 있었나요?

   ----

4. 일기에서 틀린 글자를 찾아 바로잡아요.

   ⇨

   ⇨

5. 수정이의 일기에서 잘된 점을 칭찬해주세요.

재미있고 특별하게 일기 쓰기

1. 날짜 바꿔 표현하기

일기 쓴 날짜를 단순히 '월'과 '일'로 구분해 표현하면 재미가 없어요. 달력을 그려 표시하거나 나에게 의미 있는 날을 기준으로 얼마가 지났거나 남았는지 표현하면 재미있답니다.

⋯▶ 달력을 그려 해당 날짜 표시

( )월						
일	월	화	수	목	금	토

⋯▶ 나에게 의미 있는 날을 기준으로 표현하기
  예) 반장 선거 20일 전, 내가 태어난 지 ○○○○일째 되는 날

2. 요일 바꿔 표현하기

해당 요일을 영어나 한자, 그림으로 표현해도 재미있어요.

⋯▶ 요일을 영어나 한자로 바꿔요.

요일	월	화	수	목	금	토	일
영어	Monday	Tuesday	Wednesday	Thursday	Friday	Saturday	Sunday
한자	月	火	水	木	金	土	日

⋯▶ 요일에 어울리게 그림으로 표현해요.
  ☞월요일은 한자로 달을 뜻하니 달을 그려도 좋아요.

3. 날씨 바꿔 표현하기

날씨도 다양한 방법으로 나타낼 수 있어요.

⋯▶ 날씨를 나타내는 단어로 표현
  예) 비, 구름, 흐림, 맑음, 눈

⋯▶ 그림으로 표현

⋯▶ 날씨를 시간 순서대로 표현하거나 자세히 묘사
  예) 시간 순서에 맞춰 표현 – 아침에 비가 왔다가 점심부터는 햇볕이 쨍쨍.
  예) 날씨를 묘사해 표현 – 햇빛이 폭탄처럼 펑펑 터지기 시작했다. 나뭇잎도 기운을 잃고 축축 처졌다.

4. 일기 글감 고르기

같은 일이 늘 반복된다고 생각하지만 똑같은 하루는 없답니다. 오늘 하루 있었던 일을 머리에 떠올려 재미있는 글감을 찾아요.

눈을 감고 오늘 하루 있었던 일을 차근차근 떠올려 보세요. 선생님이 '찰칵' 하고 말하는 순간 머릿속에 생각하던 장면을 사진을 찍어 동그라미 안에 적어보세요.

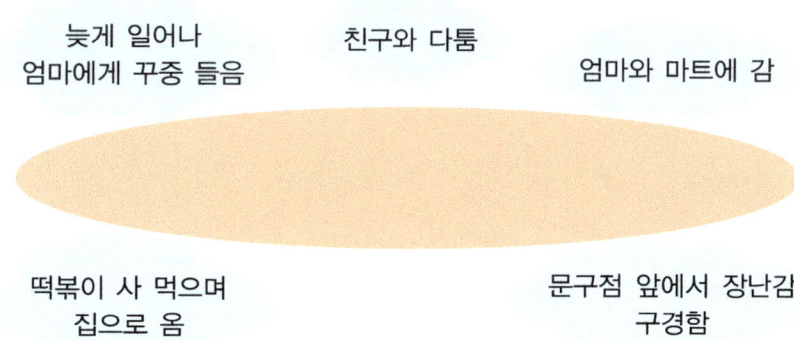

5. 일기 제목 붙이기

내용을 읽지 않더라도 무엇에 대해 썼는지 한눈에 알 수 있도록 제목을 붙여요.

찾은 글감과 배운 내용을 바탕으로 나만의 일기를 200자로 써보세요.

행복한 일기 쓰기

내 생각 술술 끄집어내기

행복이는 일기를 쓰려고 책상 앞에 앉았어요. 그러나 갑자기 머릿속이 하얘지며 뭘 어떻게 써야 할지 떠오르지 않았어요.

하지만 여러분은 걱정하지 마세요. 머릿속에서 맴돌기만 하는 생각을 쏙쏙 끄집어내는 방법이 있으니까요.

하루 동안 있었던 일을 여러 가지 방법으로 정리하고, 만화 일기로 표현하는 방법을 공부해요.

 생각 열기

캐릭터의 표정을 보고 어떤 말을 하는지 빈 칸에 적어요.

1	2	3	4
5	6	7	8

글 싣는 순서
1. 이런 걸 빼먹으면 안 돼요
2. **내 생각 술술 끄집어내기**
3. 남과 다른 방법으로 쓰자

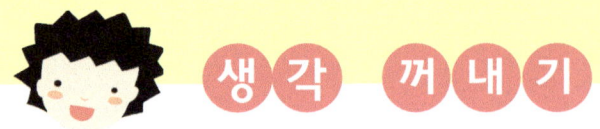 생각 꺼내기

오늘 하루 동안 있었던 일을 다양한 방법으로 떠올려 보세요.

자유롭게 생각하기

냄비에서 고소한 팝콘이 튀겨지고 있네요. 팝콘 안에 오늘 있었던 일을 자유롭게 떠올려 적고, 비슷한 일끼리 묶어요.

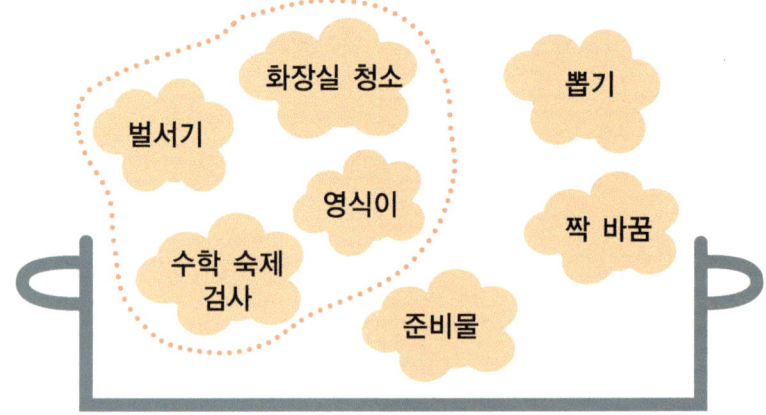

예시 글

선생님께서 수학 숙제를 검사하셨다. 숙제를 하지 않은 사람은 교실 뒤로 나가 손을 들고 서 있으라고 하셨다. 나는 숙제한 공책을 가져오지 않아 억울하게 벌을 섰는데, 영식이가 자꾸 옆에서 툭툭 쳤다. 영식이에게 고개를 돌려 치지 말라고 이야기하다 선생님께 들켰다. 선생님은 나와 영식이에게 수업이 끝난 뒤 화장실을 청소하라고 하셨다.
오늘은 정말 운이 없는 날이다.

생각의 꼬리 따라가기

꼬불꼬불한 달팽이집을 안쪽에서 밖으로 따라가며 오늘 있었던 일을 연결해 떠올려요.

예시 글

오늘은 엄마 아빠의 결혼기념일이라 아빠가 일찍 퇴근하셨다. 아빠는 엄마 선물과 함께 케이크를 사 오셨다. 엄마도 아빠를 위해 맛있는 저녁 식사를 준비하셨다. 그런데 내가 좋아하는 반찬은 하나도 없고 모두 아빠가 좋아하시는 반찬이었다. 난 화가 나 반찬 투정을 하다가 엄마에게 혼이 났다. 서러워 눈물이 났다. 하지만 지금은 약간 후회된다.

순서대로 생각하기

생각 기차에 오늘 있었던 일을 시간 순서대로 떠올려요.

예시 글

애경이 생일에 초대를 받았다. 무슨 선물을 해야 할지 고민이 되었다. 선물 가게에서 곰돌이 머리핀을 골랐다. 용돈 2000원을 모두 털어 샀다. 하지만 아깝지 않았다. 애경이 생일잔치에 가 맛있는 음식도 많이 먹고, 친구들과 재미있는 놀이도 했다. 오늘은 정말 즐거운 하루다.

생각 그물로 생각하기

하루 동안 있었던 일을 생각 그물에 그려요. 중요한 사건을 굵은 가지에 넣고, 자세한 내용은 가는 가지에 정리해요.

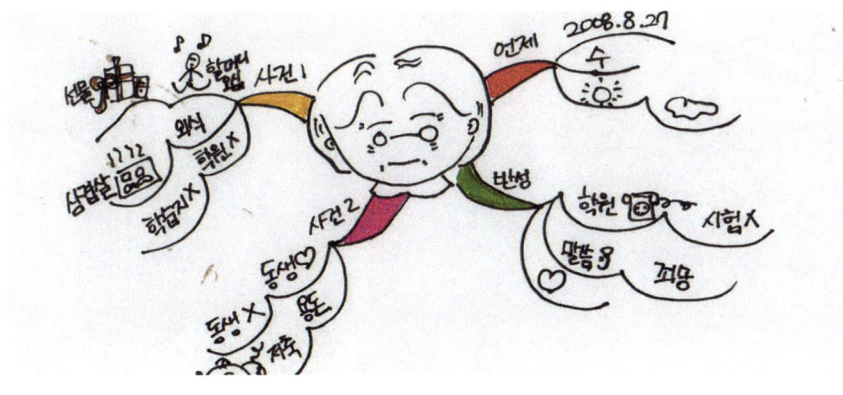

예시 글

할머니께서 우리 집에 오셔 외식을 했다. 내가 좋아하는 삼겹살을 먹었다. 학원에 가지 않고 학습지도 안 해 정말 좋았다. 그런데 할머니는 나보다 동생을 예뻐하시는 것 같다. 난 동생이 갑자기 미워졌다. 하지만 할머니께서 용돈을 주셔 금방 기분이 좋아졌다. 히히, 할머니가 주신 용돈을 돼지저금통에 넣었다.

학원에서 전화가 왔다. 오늘 시험을 보았다고 한다. 엄마에게 미리 말씀드리지 못해 죄송했다. 그래도 학원 선생님께서 말씀을 잘 해주셨나 보다. 엄마 죄송해요.

생각 꺼내기 방법 가운데 하나를 골라 오늘 하루 나에게 있었던 일을 정리해요.

 만 화 일 기 쓰 기

하루 동안 있었던 일을 만화로 표현하면 재미있겠지요? 만화 일기를 어떻게 쓰는지 함께 알아봐요.

만화 일기 쓰는 방법

1. 쓰고 싶은 내용을 4~6개로 구분해 정리한다.

2. 구분한 내용을 글과 그림으로 어떻게 표현할지 생각한다.

3. 배경과 등장인물을 그린다.

4. 등장인물에 말풍선을 그려 내용을 적는다.

위 만화 일기는 어떤 내용을 담았나요?

14쪽에 정리한 내용을 바탕으로 만화 일기를 꾸며요.
☞제시된 공간을 4~6칸으로 나눠 표현해요.

행복한 일기 쓰기

남과 다른 방법으로 쓰자

행복이는 일기를 다양한 방법으로 썼다고 선생님께 칭찬을 받았어요. 하지만 짝꿍 대강이는 꾸중을 들었지요. 대강이는 매일 똑같은 일기 쓰기가 지겨워 동시집에서 동시를 베껴 냈다지 뭐예요.

대강이가 다양하게 일기 쓰는 방법을 알았더라면 오늘 같은 일은 없었을 텐데 말이에요.

여러분도 행복이처럼 다양하게 일기 쓰는 방법을 배워 즐겁고 재미있게 써 보세요.

 **생각 열기**

아래와 같은 상황에서 쓰면 좋을 일기 형식을 사다리를 따라 찾아봐요.

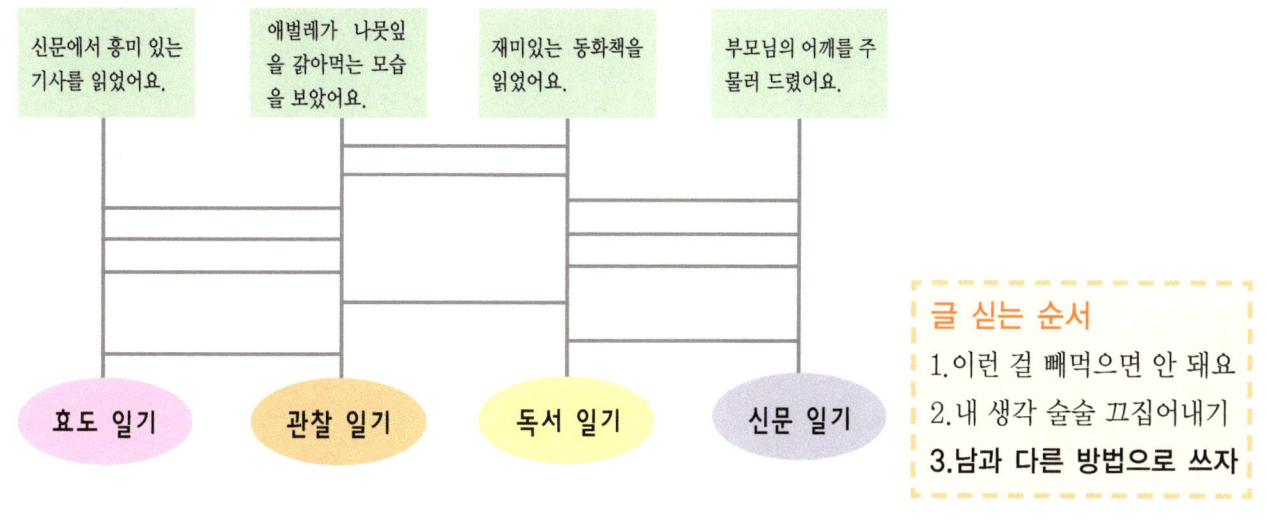

글 싣는 순서
1. 이런 걸 빼먹으면 안 돼요
2. 내 생각 술술 끄집어내기
3. **남과 다른 방법으로 쓰자**

다양하게 일기 쓰는 방법

관찰 일기

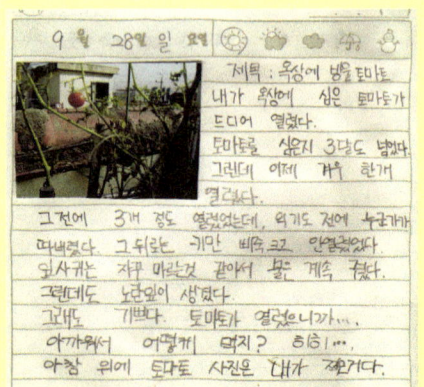

동식물의 모습이나 변화 과정을 자세히 관찰해 일기로 써요.

신문 일기

신문에서 가장 흥미 있는 사진이나 기사를 보고 생각과 느낌을 일기로 써요.

독서 일기

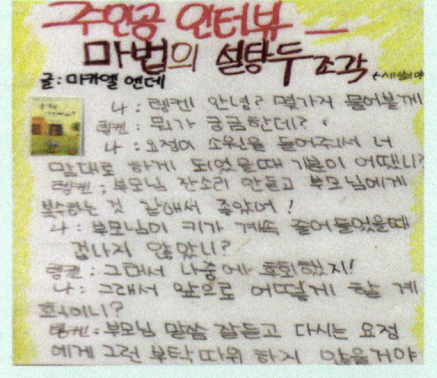

책을 읽고 주인공에게 보내는 편지글이나 감상문 형태로 일기를 써요.

주제 일기

한 가지 주제를 정해 내 생각을 일기로 적어요. 효도 일기, 대화 일기, 칭찬 일기 등이 있어요.

▶위 일기들 가운데 자신이 써본 일기가 있나요?

▶어떤 일기를 쓰고 싶은가요?

1. 보이는 것을 그대로 관찰 일기

☞사진 속 곤충은 장수풍뎅이에요. 곤충을 관찰해 일기를 쓸 때는 전체 모습을 먼저 살피고 머리, 몸통, 다리 등 각 부분을 차례로 살펴 특징을 자세히 묘사해요.

관찰 일기 쓰는 방법

1. 관찰 대상을 정한다.
2. 관찰 기간과 시간을 정한다.
3. 관찰 대상의 모습이나 변화 과정을 글과 그림으로 정리한다.

친구의 일기를 읽고 감상을 짧게 적어보세요.

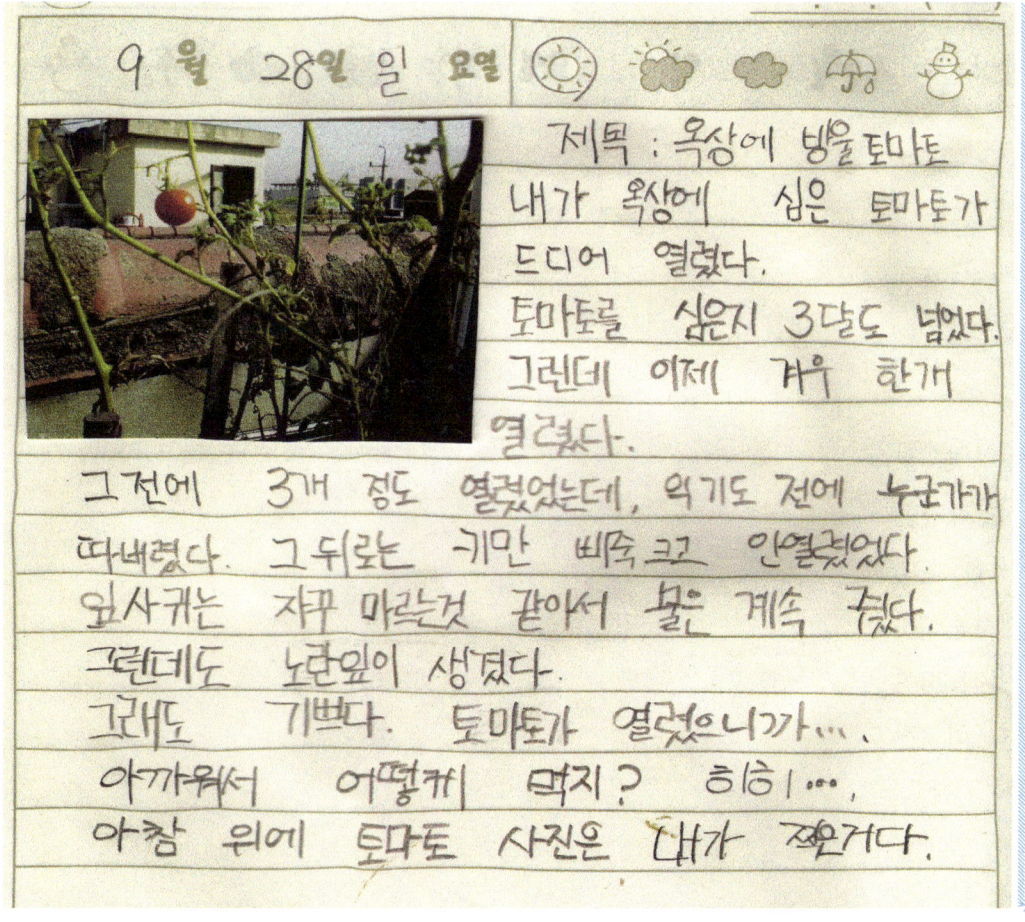

2. 오늘은 무슨 일이 있었을까 신문 일기

⬆ 중국에서 수입된 과자에서 멜라민이 나와 식품 안전에 비상이 걸린 가운데, 어린이들이 한 초등학교 근처 식품 가게를 기웃거리고 있다.

신문 일기 쓰는 방법

1. 신문에서 관심이 있는 기사나 사진을 고른다.
2. 내용을 읽으며 모르는 단어와 중요하다고 생각되는 부분에 밑줄을 친다.
3. 모르는 단어는 사전에서 찾거나 부모님께 도움을 청해 뜻을 정리한다.
4. 내 생각과 느낌을 글로 옮긴다.

☞왼쪽 사진과 사진 설명을 본 뒤 신문 일기를 써요.

■모르는 단어를 찾아요.
멜라민 :
비상 :

친구의 일기를 읽고 감상을 짧게 적어보세요.

"젓가락질 누가 누가 잘하나"

서울시 서초구청 주최로 열린 '젓가락왕 선발 경연대회'에 참가한 어린이들이 젓가락을 이용해 은행을 옮기고 있다. 구청 관계자는 "젓가락질을 하면 64개의 근육과 30여 개의 관절을 함께 쓰게 된다"며 "젓가락을 잘 쓰면 머리도 좋아진다."고 말했다.

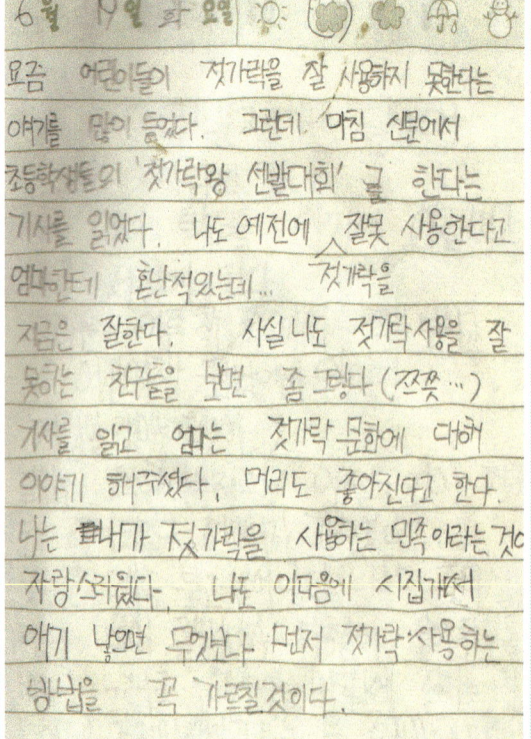

3. 읽는 재미, 쓰는 재미 독서 일기

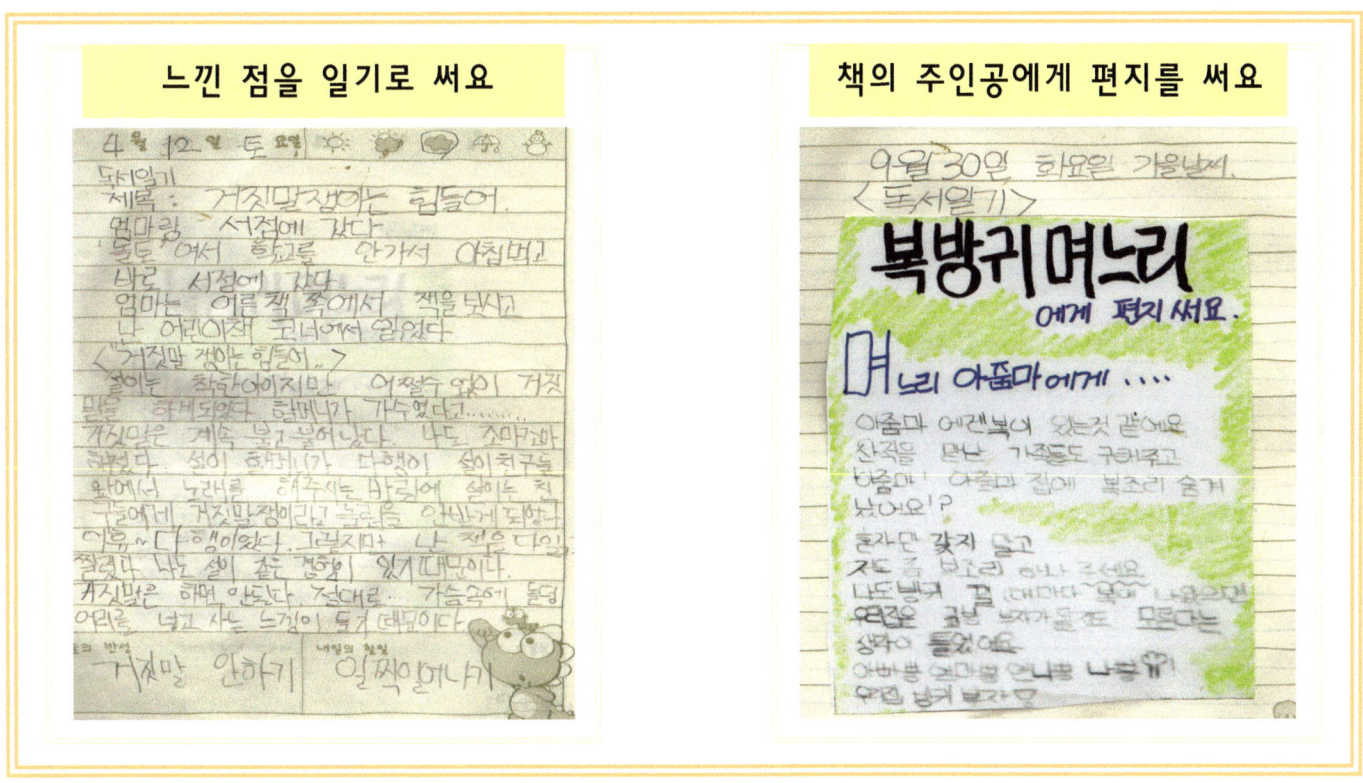

4. 아빠, 엄마 사랑해요 효도 일기

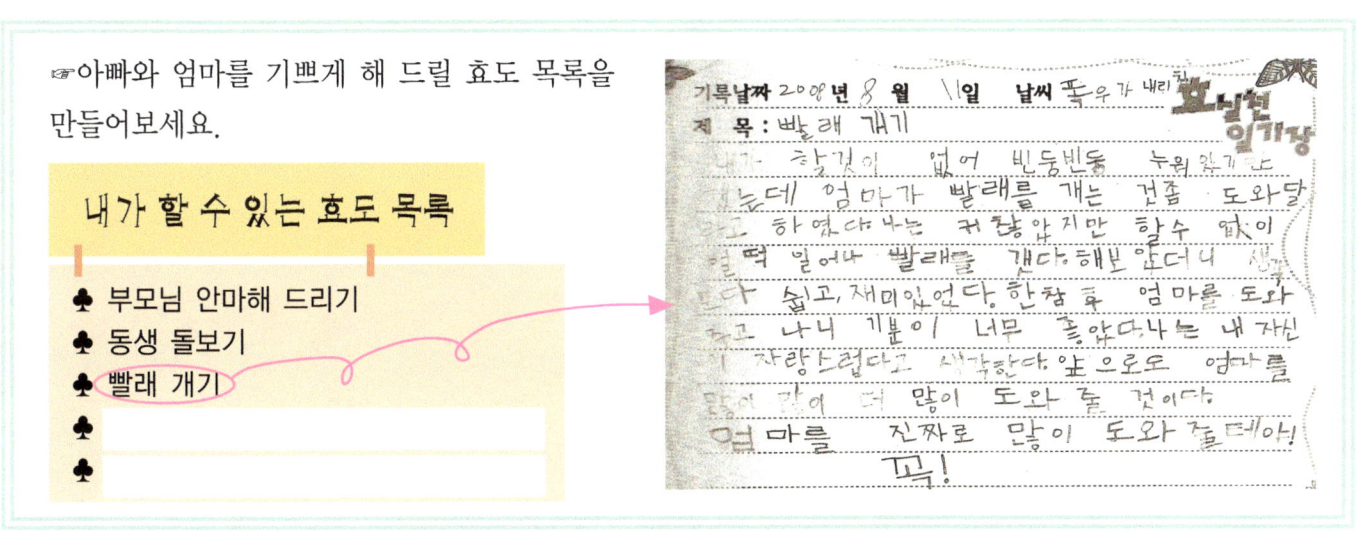

▶친구의 일기를 읽고 감상을 짧게 적어보세요.

관찰 일기, 신문 일기, 독서 일기, 효도 일기 가운데 한 가지를 정해 써보세요.

톡톡 튀는 독후감 쓰기

꼭 글로만 표현해야 할까

행복이는 큰 고민이 생겼어요. 다음 주에 학교에서 독후감 대회가 열린다지 뭐예요. 행복이는 독후감만 생각하면 머리가 지끈거리거든요.

책을 읽고 느낀 점을 쓰라면 "참 재미있었다. 다음에 또 읽고 싶다."는 말을 빼고는 할 얘기가 없어요.

어떡하면 좋을까요?

책을 읽고 난 뒤 느낌을 다양하게 표현하는 방법을 배우며 행복이의 고민을 함께 해결해요.

 생각 열기

이 책의 표지는 어떤 느낌이 드나요? 자유롭게 말해 보세요.

글 싣는 순서
1. 꼭 글로만 표현해야 할까
2. 새롭게 안 사실 정리하기
3. 내 경험 넣어 실감 더하기

 느낌을 표현해요

전래동화 한 편을 함께 읽어요.

북두칠성이 된 일곱 형제

옛날 어느 마을에 홀로 되신 어머니와 일곱 형제가 살았어요. 일곱 형제는 모두 착해 늘 어머니께 효도하고, 형제끼리도 서로 아끼며 살았지요.

어느 날 밤 큰아들이 잠에서 깨어보니 어머니가 방에 계시지 않았어요. '이 밤중에 어머니가 어디 가신 걸까?' 아들은 걱정이 되었어요. 어머니는 해 뜰 무렵에야 집에 돌아오셨어요. 그런데 어머니는 다음날도 또 다음날도 밤에 나가 해가 뜰 무렵에야 돌아오시는 게 아니겠어요? 큰아들은 어머니가 어디를 다녀오시는지 몹시 궁금했어요.

그래서 밤에 어머니를 몰래 따라나섰어요. 어머니는 어디론가 계속 걸어가시더니 다리도 없는 개울을 발을 적시며 건너셨어요. 이렇게 추운 날 맨발로 냇물을 건너시다니 큰아들은 마음이 아팠어요. 어머니가 가신 곳은 어느 할머니가 혼자 사시는 외딴 오두막집이었어요. 할머니와 이야기를 나누며 즐거워하는 어머니를 보고 큰아들은 냇물에 다리를 놓아드리기로 결심했어요. 그리고 집으로 달려와 동생들을 깨워 밤새 다리를 놓았어요.

해 뜰 무렵 집으로 돌아오던 어머니는 징검다리를 보고 깜짝 놀라 고마워하며 하늘에 "이 다리를 놓아주신 분들이 죽으면 꼭 별이 되게 해주세요."라고 기도했어요.

세월이 흘러 일곱 아들은 모두 죽어 하늘의 별이 되었어요. 이 별이 바로 밤하늘에 일곱 개 징검다리가 놓인 것처럼 반짝이는 북두칠성이랍니다.

1. 느낌을 그림으로 그려봐요

① 『북두칠성이 된 일곱 형제』에서 가장 감동적인 부분에 밑줄을 긋고 그림으로 표현해요.

② 『북두칠성이 된 일곱 형제』를 읽은 느낌을 그림으로 자유롭게 표현해요.

⬆ 『토끼와 거북』을 읽고 느낌을 그림으로 표현한 예.

2. 느낌을 만화로 그려봐요

『북두칠성이 된 일곱 형제』를 만화로 표현했어요. 친구가 그린 만화의 마지막 두 칸은 여러분이 완성하세요.

3. 느낌을 줄글로 써봐요

느낌을 줄글로 표현할 때는 사건과 느낌을 번갈아 쓰거나 전체 줄거리를 정리한 뒤 느낌을 적어도 좋아요.

뱀이 되고 싶은 여우

스르륵 슥, 스르륵 슥 기다란 뱀이 풀밭을 기어가고 있었습니다. 그런데 갑자기 하늘에서 독수리 한 마리가 쏜살같이 내려왔어요. 그러자 기다란 뱀은 땅속 구멍으로 쏙 도망갔어요.

커다란 나무 밑에서 그 모습을 보던 여우는 무척 부러웠어요.

"뱀은 참 좋겠다. 저렇게 몸이 길고 가늘면 아무리 좁은 구멍이라도 마음대로 들어갈 수 있을 거야."

여우는 무서운 사자나 표범을 만났을 때 뱀처럼 땅속 구멍으로 도망가고 싶었어요. 그래서 여우는 땅바닥에 누워 다리와 팔을 쭉쭉 늘였습니다. 자꾸 가늘어지라고 힘껏, 아주 힘껏 쭉쭉 뻗었지요.

과연 여우는 뱀처럼 기다랗게 되었을까요? 아니에요. 너무 쭉쭉 늘이다가 그만 팔과 다리가 찢어져 "캥!" 하고 죽었답니다.

▶사건과 그 사건에 대한 느낌을 햄버거 속 재료처럼 차곡차곡 쌓아 표현해요.

느낌 : 여우는 꾀 많고 지혜로운 동물인 줄 알았는데 실망했다. 너무 욕심을 부린 여우가 바보 같다.

사건 : 여우는 바닥에 누워 팔과 다리를 쭉쭉 늘이다가 그만 죽고 말았다.

느낌 : 내가 키 큰 친구를 보면 부러운 것처럼 여우도 그랬나 보다. 하지만 자신이 할 수 없는 일을 부러워하는 건 쓸데없는 일이다.

사건 : 여우는 뱀이 독수리를 피해 땅속 구멍으로 도망가는 것을 보고 부러워했다.

▶과자에 잼을 올린 것처럼 줄거리 위에 느낌을 살짝 얹어 표현해요.

느낌 : 나는 이 이야기를 읽고 한참 웃었다. 여우가 꾀 많고 지혜로운 동물인 줄 알았는데 실망했다. 내가 키 큰 친구를 보면 부러운 것처럼 여우도 그랬나 보다. 하지만 자신이 할 수 없는 일을 부러워하는 것은 쓸데없는 일이다. 너무 욕심을 부린 여우가 바보 같다.

줄거리 : 여우는 뱀이 독수리를 피해 땅속으로 도망가는 것을 보고 뱀의 가늘고 긴 몸을 부러워했다. 여우는 뱀처럼 되기 위해 바닥에 누워 자신의 팔과 다리를 쭉쭉 늘이다가 그만 죽고 말았다.

다음 우화를 읽고 27쪽의 표현 방법에 따라 느낌을 줄글로 표현해요.

말과 당나귀

몸집이 크고 힘이 센 말과 몸집이 작고 연약한 당나귀를 가진 장사꾼이 살았어요. 어느 날 장사꾼은 멀리 장사를 떠났지요. 무거운 짐을 실은 당나귀는 점점 지쳤어요. 참다못한 당나귀는 말에게 애원했어요.

"죄송하지만 제 짐을 조금만 나눠 지면 안 될까요?"

그러자 말은 버럭 화를 내며 말했어요.

"이 얼빠진 당나귀 같으니라고. 내 짐만 해도 무거운데 너의 짐까지 나눠 지라고?" 말은 당나귀의 부탁을 거절하고 앞으로 걸어갔어요.

마침내 당나귀는 길에 쓰러져 죽고 말았어요. 장사꾼은 혀를 차며 당나귀의 짐을 말의 등에 옮겨 실었어요. 말은 비 오듯 땀을 흘리며 "아이고, 힘들어. 내가 바보였어. 아까 당나귀 짐을 조금만 나눠 졌다면 이런 일은 없었을 텐데……. 하늘이 벌을 내렸나 봐."

말은 눈물을 흘리며 후회했지만 소용이 없었어요.

▶사건과 그 사건에 대한 느낌을 햄버거 속 재료처럼 차곡차곡 쌓아 표현해요.

▶과자에 잼을 올린 것처럼 줄거리 위에 느낌을 살짝 얹어 표현해요.

톡톡 튀는 독후감 쓰기

새롭게 안 사실 정리하기

행복이는 서점에서 『몸속 여행』이라는 책을 샀어요. 행복이가 산 책은 평소 읽던 명작 동화와는 성격이 달라요. 이런 책은 우리에게 새로운 지식과 정보를 주는 데 생태, 환경, 역사, 과학, 미술, 음악 등 알려주는 내용도 다양해요.

행복이는 책의 종류에 따라 독후감 쓰는 방법도 다르지 않을까 궁금해졌어요. 여러분도 행복이와 함께 궁금증을 해결해 볼까요?

 생각 열기

정보가 담긴 책은 아래와 같은 특징이 있어요. 특징을 참고해 나열된 책 가운데 정보가 담긴 책만 골라보세요.

정보가 담긴 책의 특징

| 궁금증을 해결해 준다 | 확인된 정확한 사실만 담겨 있다 | 새로운 정보나 지식을 알려준다 |

글 싣는 순서
1. 꼭 글로만 표현해야 할까
2. **새롭게 안 사실 정리하기**
3. 내 경험 넣어 실감 더하기

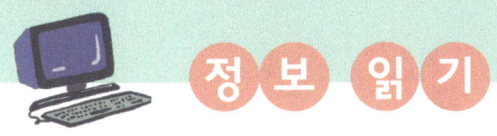 정 보 읽 기

1. 정보를 사실과 의견으로 구분하기

정보가 담긴 책을 읽을 땐 정보가 사실인지, 글쓴이의 의견인지 구분할 수 있어야 해요.

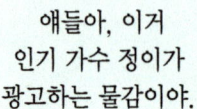 사실이란?   의견이란?

사실 보고, 듣고, 경험한 것을 있는 그대로 적은 것이다. 전달할 내용은 주로 정보와 지식이다.

의견 사실에 대한 글쓴이의 주장이나 느낌을 적은 것이다. 같은 내용이지만 상대에 따라 의견이 다를 수도 있다.

세 어린이의 대화를 사실과 의견으로 구분해요.

사실   의견

다음 글을 읽고 밑줄 친 내용이 사실인지 의견인지 구분해요.

도와드리려고 그랬는데……

　우리 엄마는 낮잠을 꼭 주무신다. 이때 엄마를 깨우면 뿔난 도깨비가 된다. 물을 먹으려고 부엌에 갔더니 설거지통에 그릇이 가득 쌓여 있었다.(사실)
　"엄마를 도와드려야겠다."
　그런데 키가 작아서 설거지를 할 수가 없었다. 그래서 식탁 의자를 가져다 놓고 올라갔다.(　) 깨끗이 닦으려고 세제도 꾹 짰다. 쓱쓱싹싹 문지르니 거품이 뽀글뽀글 생겼다. 어떤 거품은 계속 커지다가 '퐁'하고 터졌다.(　) 설거지는 재밌는 놀이 같았다.(의견)
　'이렇게 깨끗하게 닦아놓으면 엄마가 잘했다고 칭찬하시겠지?'(　)
그런데 이상하게 아무리 헹궈도 거품이 안 없어졌다.(　)
　"누나! 거품 놀이 하는 거지? 나도 할래."
　어느새 경환이가 싱크대 위에 올라와서 앉았다. 그리고 설거지통에 발을 담그고 세제를 짜면서 계속 거품을 만들었다. 하지 말라고 해도 소용없었다.(　)
　"너희 지금 뭐 하는 거니?"
언제 깨셨는지 엄마가 호랑이 얼굴을 하고 나타나셨다.(　)싱크대의 뽀글뽀글 거품을 보시더니 세제를 마구 쓰면 물이 오염된다고 막 화를 내셨다.(　) 부엌도 물바다가 됐다며 나랑 경환이한테 깨끗이 닦아놓으라고 하셨다.(　)
　난 엄마를 도와드리려고 한 건데, 엄마는 그런 내 마음도 몰라주고…… 다음부터는 절대로 엄마를 도와드리지 않을 거다.(　)

진선출판사가 펴낸 『늘 푸른 환경일기』 중에서

31

2. 정보 가운데 중요한 내용 찾기

정보가 담긴 책을 읽을 땐 내용 가운데 중요한 부분을 찾으며 읽어야 해요.

뽀오옹.
방금 내 똥구멍에서 방귀가 빠져나갔어.
뱀처럼 기다란 방귀가 슬금슬금 빠져나갔다니까.
어떤 때는 개구리처럼 폴짝 뛰어나가고, 어떤 때는 병아리처럼 뽕뽕뽕 줄지어 나가.
기차처럼 기다란 방귀가 쏜살같이 빠져나갈 때도 있어.
똥구멍은 하나인데, 방귀는 여러 가지.
방귀는 똥구멍이 만드는 거야. 아니 방귀는 구불구불 장에서 만들어. 음식을 삼킬 때 들어온 공기, 음식을 소화시키면서 생긴 가스가 부글부글 대장에서 가득 차면 부우웅!

웅진주니어에서 펴낸 『방귀 방귀 나가신다』 중에서

위 글에서 중요한 내용을 찾아 밑줄 그은 뒤, 이야기하고 싶은 것이 무엇인지 말해 보세요.

 정보 정리하기

◆ 나눠서 정리하기

정보가 담긴 책을 읽고 독후감을 쓸 땐 책을 읽기 전에 알고 있던 것, 새롭게 안 것, 더 알고 싶은 것으로 내용을 나눠 정리하면 쉽게 쓸 수 있습니다.

너는 생선을 통째로 먹을 수 있니? 생선 살은 부드러워 먹기 좋아. 생선의 뼈는 딱딱해 먹을 수 없어. 알뜰히 살만 먹고 나면 생선 모양 뼈가 그대로 남는단다.

그런데 문어는 뼈가 없거든. 만약 우리 몸에도 뼈가 없다면 어떻게 될까. 흐느적흐느적해 서 있을 수 없겠지.

사람은 많은 뼈가 자연스럽게 이어져 뼈대(골격)를 이루거든. 또 뼈마디(관절)를 사용하여 마음대로 움직일 수 있지. 뼈와 뼈 사이는 힘살(근육)이 연결되어 있어. 그 힘살을 팽팽하게, 느슨하게 하면서 뼈마디를 움직여 몸을 늘일 수 있는 거야. 또 머리뼈는 뇌를 지켜주고, 갈비뼈는 폐와 심장을 감싸주지. 사람처럼 몸이 발달한 동물들은 많은 뼈가 재미있게 연결되어 뼈대를 이루지. 그 뼈대에 힘살과 피부(살갗) 등이 붙어 있어.

사람, 동물, 새, 물고기 같은 등뼈(척추) 동물들은 저마다 모습이 다르지만 몸을 지탱하는 뼈대는 닮은 데가 많단다. 박쥐의 날개는 사람의 손가락뼈와 모습이 비슷한데 막이 쳐진 거지. 동물 뼈대의 얼개를 살펴보면 사람의 뼈대와 비슷한 게 참 많아. 몇 천 년, 몇 만 년 된 동물의 뼈와 화석에서 우리는 옛날 동물의 모습을 짐작할 수 있지.

한림출판사가 펴낸 『뼈』 중에서

알고 있던 것 — 생선 살은 부드럽다. 생선 뼈는 딱딱하다. 문어는 뼈가 없다.

새롭게 안 것 — 뼈마디를 이용해 몸을 움직인다. 뼈와 뼈 사이는 힘살로 연결돼 있다. 동물 뼈대도 사람과 비슷하다.

더 알고 싶은 것 — 뼈는 왜 빨리 썩지 않을까? 사람 뼈는 왜 흰색일까? 사람 뼈는 모두 몇 개일까?

정보를 전하는 책을 읽고 알고 있던 것, 새롭게 안 것, 더 알고 싶은 것으로 내용을 나눈 뒤 독후감을 써 보세요.

☞33쪽 내용을 읽고 써도 좋아요.

- 알고 있던 것
- 새롭게 안 것
- 더 알고 싶은 것

톡톡 튀는 독후감 쓰기

내 경험 넣어 실감 더하기

행복이는 그동안 책을 읽은 느낌과 새롭게 안 사실을 다양하게 표현하는 방법을 배웠어요. 행복이는 이제 독후감 쓰기에 자신이 생겨 책 읽기가 더욱 즐거워졌답니다.

그런데 오늘 행복이는 책을 읽다가 재미있는 사실을 발견했어요. 책 속 주인공이 겪은 일이 행복이가 경험한 일과 비슷했거든요.

이런 경우 어떻게 글로 표현하면 좋을까요?

생각 열기

나를 주인공으로 하는 동화책이 나왔다면 어떤 내용일지 제목과 표지를 만들어보세요.

글 싣는 순서
1. 꼭 글로만 표현해야 할까
2. 새롭게 안 사실 정리하기
3. **내 경험 넣어 실감 더하기**

동화 한 편을 함께 읽어요.

칠판 앞에 나가기 싫어!

오늘은 목요일. 나는 배가 아프다.

목요일마다 선생님께서는 학생 하나를 불러내 칠판에 수학 문제를 풀게 하신다. 그런데 나는 선생님께 불려 나가 칠판 앞에 서는 것이 아주 겁난다. 선생님은 구구단도 제대로 외우지 못하냐고 그러실 것이다.

학교 버스에서 애들은 다 웃고 떠든다. 교실에 앉으면 그때부터 고통이 시작된다.

나 같은 겁쟁이가 또 있을 리도 없고, 애들이 다 나를 놀릴 게 뻔하다! 선생님은 애들을 쭉 둘러보시면서 누굴 시킬까 생각하신다. 가슴이 두근두근. 선생님께서 내 쪽으로 다가오신다. 내 귀는 빨간 신호등처럼 달아오른다. 선생님이 꼭 내 책상 옆에서 멈추실 것 같다.

아니, 그런데 선생님이 무슨 말씀을 하시는 거지?

"여러분, 전에 선생님이 오늘 연수 받으러 가야 한다고 말했죠? 자, 이제 가야 할 시간이 되어 오늘은 다른 선생님을 소개하겠어요."

선생님은 "들어오세요." 하고 큰 소리로 말씀하신다.

두 뺨이 발그레한 곱슬머리 선생님이 들어오신다.

"여러분, 비숑 선생님이십니다. 자. 이제 선생님은 갈 테니까, 새로 오신 선생님 말씀 잘 들으세요."

아, 그런데 믿을 수 없는 일이 일어나고 있었다. 새로 오신 선생님의 귀가 빨개지신 것이다! 나처럼!

"자, 누구 칠판 앞에 나와보겠어요?"

아니, 이럴 수가, 또 시작이다! 하지만 선생님을 도와드리고 싶은 마음이 생겼다.

나는 손을 번쩍 들고 말했다. "저요!"

선생님이 한시름 놓으시는 것같이 보였다. 선생님은 내게 웃어 보이셨고, 나는 처음으로 친구들 가방에 걸려 넘어지지 않고 칠판 앞까지 나갔다. 나는 내가 아는 구구단을 모조리 다 외워버렸다.

아이들은 놀라 입을 다물지 못했다. 그리고 나는 기분이 아주 으쓱해졌다. 자기 혼자만 겁쟁이가 아니라는 사실을 알고 나면 완전히 달라지는 법이다.

1. 주인공 이해하기

① 책 속 주인공은 어떤 아이인가요?

> (예시 글)
> 겁도 많고 걱정도 많은 아이다.
> 용기도 없고 소심한 아이다.
> 발표하는 것이 가장 싫은 남자 아이다.

② 주인공이 오늘 겪은 일을 정리해요.

> (예시 글)
> 선생님이 수학 시간에 시킬까 봐 걱정을 계속했다. 새로 오신 임시 선생님도 주인공이 발표할 때처럼 긴장한 것 같아 주인공이 앞장서 나가 발표했다.

③ 나와 책 속의 주인공이 같은 점과 다른 점을 써요.

같아요   달라요

2. 주인공 비판하기

① 내가 책 속 주인공이라면 '나라면 너처럼 하지 않았을 거야.' 하는 부분과 '나라도 너처럼 했을 거야.' 라고 생각되는 부분을 찾아 말해요.

'나라면 너처럼 하지 않았을 거야.'

(예시 글)
수업 시간에 선생님이 발표를 시킬까 봐 걱정은 되지만 집에서부터 미리 걱정하지는 않을 것이다.

'나라도 너처럼 했을 거야.'

(예시 글)
나도 새로 오신 선생님을 위해 칠판 앞으로 뛰어나가 구구단을 외웠을 거다. 그리고 기분이 좋았을 것 같다.

② 나라면 어떻게 할지 내 생각을 써요.

'나라면   '

3. 내 경험 떠올리기

① 주인공과 같은 상황을 겪은 적이 있나요? 내 경험을 소개해요.

(예시 글)

　나도 예전에 동시 외우기 숙제가 있었다. 선생님께서 나를 시키실까 봐 걱정이 돼 밤에 잠도 제대로 못 잤다. 하지만 다음날 내 짝꿍만 시키고 나는 그냥 넘어갔다. 안심이 됐지만 아쉽기도 했다.

② 다음 글은 한 어린이가 『칠판 앞에 나가기 싫어!』를 읽고 쓴 독후감입니다. 함께 읽으며 주인공의 경험과 내 경험을 어떻게 연결했는지 살펴보세요.

　이 책은 목요일마다 칠판 앞에 나가 수학 문제 푸는 걸 두려워하는 아이의 이야기다. 나도 선생님이 동시 외우기 숙제를 내주시면 날 시킬까 봐 많이 떨렸는데 주인공도 그랬나 보다.

　드디어 목요일, 칠판 앞에 불려 나갈까 봐 걱정하던 주인공은 새로 오신 비송 선생님이 긴장하는 것을 보고 선생님을 도와드리기 위해 스스로 칠판 앞에 나가 구구단을 열심히 외웠다.

　나는 이 부분을 읽고 주인공에게 박수를 쳐주고 싶었다. 나였어도 주인공처럼 칠판 앞으로 나가 구구단을 외웠을 것이다.

　이제 주인공은 칠판 앞에 나가는 게 하나도 두렵지 않을 거다. 정말 잘 됐다.

　　　　　　　　　　－ 대구 강동초 1학년 박규민

다음 위인전의 한 부분을 읽고, 앞에서 배운 대로 독후감을 써보세요.

발명왕 에디슨

　서너 살이 되자 에디슨은 물건에 대한 호기심이 누구보다 컸어요.
　"왜요? 왜 그래요?" 에디슨의 '왜' 라는 질문이 터지면 어른들은 진땀을 빼기 일쑤였습니다. 하지만 왜라는 질문은 거기에 대답을 해주었다고 끝나는 것만은 아니었어요. '정말 그럴까?' 하고 실험을 해 보는 버릇도 있었지요. 그는 알을 품는 닭을 보고 왜 그럴까 궁금해 직접 알을 품어 보기도 했어요.
　1855년 에디슨은 학교에 들어갔어요. 에디슨은 학교에서 글 읽기와 쓰기, 계산하는 법을 배웠지만 재미가 없었어요. 에디슨은 공부 시간에 질문을 자주 했어요.
　"선생님!"
　"왜 그러니?"
　"해는 저녁때 어디로 가나요?"
　"어디로 가다니! 해는 가만히 있고 지구가 해의 둘레를 도는 거야. 그러면서 지구도 스스로 날마다 한 바퀴씩 돌지. 그러니까 우리가 사는 반대쪽에 해가 있으면 우리는 해를 볼 수 없단다."
　"지구가 뭐예요?"
　"우리가 사는 이 땅덩이야."
　"어? 땅은 가만히 있잖아요."
　"너 하라는 공부는 하지 않고 엉뚱한 소리만 할래? 오늘 배운 곳을 읽어 봐."
　선생님이 화가 나 소리쳤어요. 에디슨은 국어 책을 펴 들었지만 더듬거리기만 할 뿐 술술 읽지 못했답니다.
　"넌 머리만 컸지 영 바보구나?"
　선생님의 핀잔에 아이들이 '와아' 하고 웃었어요.

# 감동이 있는 동시 짓기

유치원에서 돌아온 행운이는 자기가 지은 동시를 행복이 앞에서 뽐내며 읽었어요. 하지만 행복이는 그것도 동시냐며 행운이를 놀렸지요.

화가 난 행운이가 형도 동시를 지어보라고 말하자 행복이는 내일까지 멋진 시를 지어 보이겠다며 큰소리쳤어요.

과연 행복이는 동생 앞에서 멋지게 시를 낭송할 수 있을까요?

행복이와 함께 쉽고 재미있게 동시 쓰는 방법을 배워요.

 생각 열기

아래 동시는 어떤 상황을 표현하고 있는지 설명하고 제목도 재미있게 지어요.

스르르
눈이 잠들고

가만가만
귀가 잠들고

콜콜콜
코도 잠들고

방긋방긋
입은 웃지요

1. 동시는 어떤 글인가요?

'가'와 '나' 글을 차례대로 읽고 물음에 답해요.

가

하늘에서 비가 내린다.
빗방울이 떨어져 싸릿잎 위에 맺힌다. 거미줄에 떨어진 빗방울은 땅으로 떨어지지 않고 거미줄에 매달려 있다. 풀잎과 꽃잎 속에도 하늘에서 떨어진 빗방울이 가득 차 있다. 오늘은 하루 종일 비가 내린다.

나

송알송알 싸릿잎에 은구슬
조롱조롱 거미줄에 옥구슬
대롱대롱 풀잎마다 총총
방긋 웃는 꽃잎마다 송송송

고이고이 오색실에 꿰어서
달빛 새는 창문가에 두라고
포슬포슬 구슬비는 종일
예쁜 구슬 맺히면서 솔솔솔

① 두 글의 느낌이 어떻게 다른지 이야기해 보세요.

② '나' 글의 특징을 나타낸 것만 표에서 골라 노란색으로 칠해요.

내 생각을 긴 문장으로 표현해요.	노래처럼 느껴져요.
짧게 간추려 써요.	자세히 설명해요.
흉내내는 말을 많이 써요.	비슷한 말을 반복해 써요.

'어린이의 마음을 리듬감 있는 짧은 글로 표현한 것'을 동시라고 합니다. 비록 어른이 썼더라도 어린이의 마음을 잘 표현하면 동시라고 불러요. 물론 어린이가 쓴 시도 동시라고 하지요. 동시는 여러 낱말로 이뤄진 '행'과 몇 개의 행이 하나의 내용으로 묶인 '연'으로 구성된답니다.

2. 동시와 친해져요

동시가 어떤 글인지 안다고 해도 막상 동시를 쓰려면 쉽지 않아요. 그래서 다른 사람이 쓴 동시를 다양한 방법으로 바꿔보며 동시와 친해지는 과정이 필요하답니다.

① 동시를 읽고 오른쪽 빈 칸에 새로운 낱말을 넣어 동시를 완성해요.

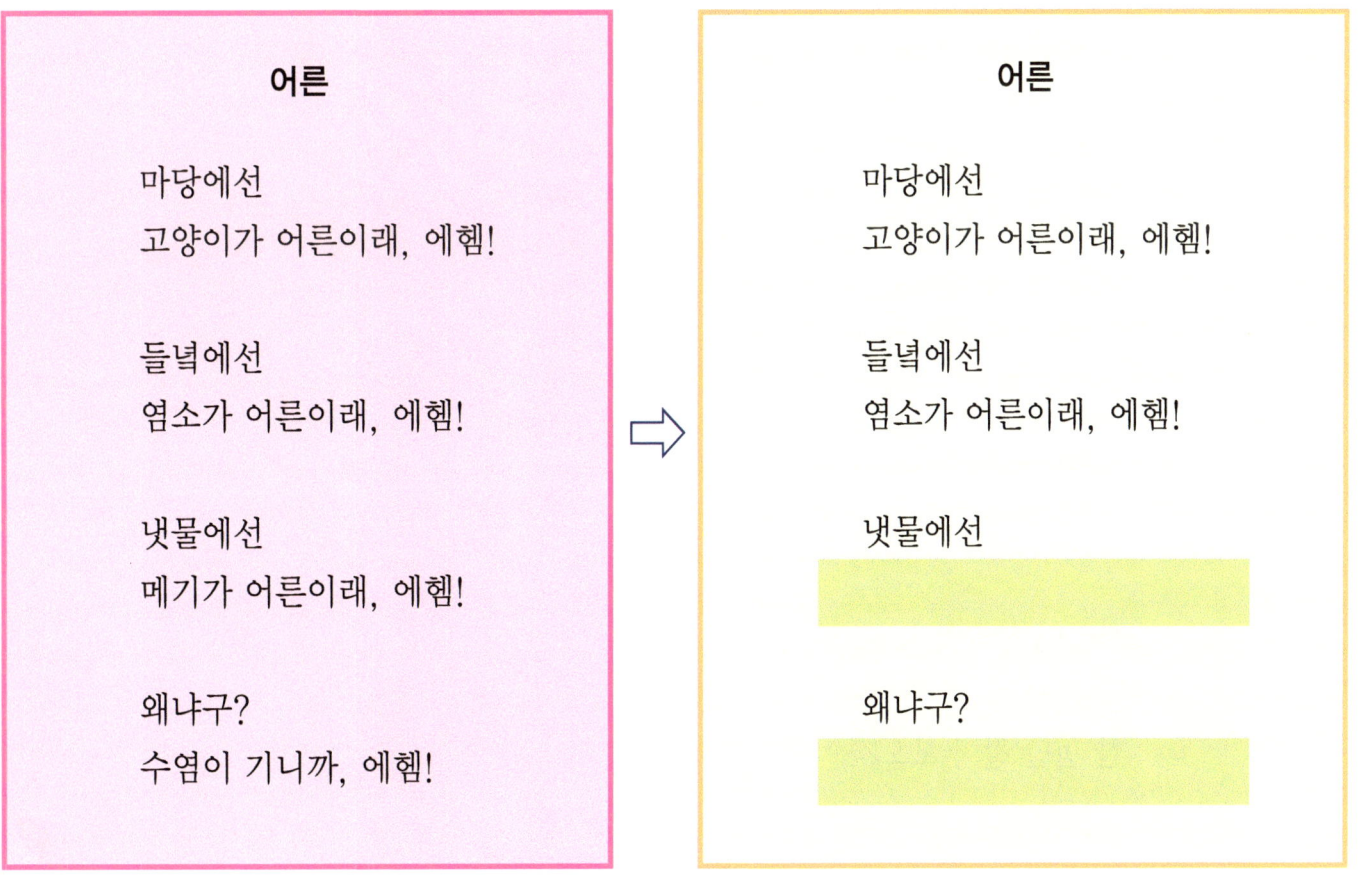

② 동시를 읽고 내용과 어울리게 새로운 행을 만들어 보세요.

43

3. 동시를 따라 써요

동시를 잘 쓰려면 동시를 많이 읽어봐야 해요. 동시에서 잘 된 표현을 따라 써 보거나 내 생각을 더해 살짝 바꿔 보는 것도 좋습니다.

왼쪽 시를 참고해 비슷하게 한 연을 만드세요.

사슴아 사슴아

윤석중

코끼리야 코끼리야
우리 동네 불나거든
네가 좀 꺼 다아구.

곰아 곰아
밤송이를 까거든
네 발로 좀 까 다아구.

기린아 기린아
못 속의 연꽃을
네가 좀 따 다아구.

염소야 염소야
이 책 다 배우거든
너 다 먹어어라.

사슴아 사슴아
내 모자 좀 네 뿔에
한 번만 걸어 보오자.

(예시글)
기린아 기린아
늦는 우리 아빠
어디쯤 왔나 봐주우라.

4. 줄글을 동시로 바꿔요

동시를 쓸 때는 먼저 표현하려는 대상을 자세히 관찰한 뒤 떠오르는 것을 줄글로 적습니다. 줄글에서 필요 없는 부분은 지우고 재미있는 부분을 살려 내용을 다듬은 뒤 동시로 표현해요.

다음은 봄비가 내리는 하늘을 보며 떠오르는 생각을 줄글로 적었어요. 줄글이 어떻게 동시로 바뀌는지 함께 살펴봐요.

줄글

봄에는 봄비가 온다.
봄비가 내리는 하늘을 보니까 마치 꽃밭에 물을 줄 때 쓰는 물뿌리개 같다.
땅에 구멍이 뚫려 있다.
물뿌리개로 꽃밭에 물을 주면 물줄기 때문에 땅에 구멍이 뚫린다.
물뿌리개의 뚫린 구멍 수만큼 땅에 구멍이 뚫린다.
구멍이 뚫린 모습을 보니 그 크기가 꼭 씨앗 같다.
구멍이 뚫린 크기도 모두 똑같다. 물뿌리개 물구멍의 크기가 모두 같아서 그런가 보다.

- 상황을 설명할 필요는 없어요.
- 비가 내리는 하늘의 모습을 물뿌리개 같다고 생각했어요.
- 필요 없는 부분은 빼 버려요.
- '봄비 오는 하늘은 물뿌리개지'로 간단하게 줄여 쓸 수 있겠지요?
- 자세하게 쓰지 않아도 돼요.
- 물뿌리개의 구멍 크기가 같다는 말을 줄여 '고른 물구멍'으로 써 볼까요?
- 동시는 자유롭게 생각해 쓰는 글이기 때문에 그렇게 생각한 이유까지 설명할 필요는 없어요.

동시

물뿌리개 하늘

봄비 오는
하늘은
물뿌리개지.

땅 속의
씨앗만큼
꼭 그 수만큼

갖가지
씨앗만큼
꼭 그 크기만큼
뚫린 물구멍
고른 물구멍

쓴 동시를 천천히 읽으며 내가 나타내려고 한 대상이나 느낌이 제대로 표현되었는지 살펴요. 어색한 단어나 문장이 있으면 다시 고쳐보세요.

주제를 정한 뒤 앞에서 배운 내용을 참고해 동시를 지어보세요.

① 주제에 대한 다양한 느낌을 줄글로 써요.

② 줄글을 다듬어 제목을 달고 동시로 표현해요.

마음을 움직이는 편지 쓰기

'안나가 지금 화가 많이 나 있겠지?'

행복이의 얼굴이 어두워졌어요. 아까 학교에서 장난으로 안나의 머리카락을 잡아당겼는데, 안나가 그만 울음을 터뜨렸지 뭐예요. 행복이는 미안하다고 말하고 싶었지만 차마 용기가 나지 않아 그냥 집에 와 버렸답니다.

행복이는 어떻게 하면 안나에게 미안한 마음을 전할지 고민이에요. 안나 때문에 걱정하는 행복이에게 자신의 마음을 전할 수 있는 편지 쓰기 방법을 알려주는 건 어떨까요?

 생각 열기

여러분은 친구에게 하고 싶은 말이나 소식을 전할 때 어떤 방법을 이용하나요?

위의 방법 가운데 예전엔 많이 사용했지만 요즘엔 점점 줄어드는 건 무엇일까요?

편지가 궁금해

1. 편지는 어떤 글인가요

누구에게 전하고 싶은 말이나 생각을 글로 적어 보내는 것을 편지라고 해요. 편지를 쓰면 어떤 점이 좋을지 행복이가 쓴 편지를 보며 생각해 볼까요?

> 안나에게
>
> 안나야 안녕? 나 행복이야.
> 어제 내가 네 머리카락을 잡아당긴 거 미안해. 널 울리려고 한 짓은 아닌데……. 그냥 장난으로 그랬어.
> 앞으로는 절대로 그러지 않을게. 다시 친하게 지내자. 나 용서해 줄 거지?
>
> 행복이가

① 편지를 쓴 행복이와 편지를 받은 안나는 어떤 기분일까요?

② 편지를 쓰면 좋은 점을 찾아요.

　내 마음을 자세히 표현할 수 있어요.

편지글에서는 상대에게 하고 싶은 말을 제대로 표현해야 해요. 자신의 뜻을 정확하게 전달해야 잘 쓴 편지라고 할 수 있습니다. 편지는 쓰는 목적에 따라 종류도 다양하답니다.

다음 편지들은 어떤 경우에 쓰는지 편지 종류와 내용을 알맞게 연결해요.

| 안부 편지 | 축하 편지 | 초대 편지 | 감사 편지 | 소개 편지 | 사과 편지 |

- 책이나 물건, 여행지 등을 소개해요.
- 학예회, 운동회, 생일잔치 등에 참석해 달라고 알려요.
- 상대의 안부를 묻고 내 안부도 전해요.
- 부모님이나 선생님께 감사의 마음을 전해요.
- 자신의 잘못에 대해 사과와 용서를 구해요.
- 기쁜 일이 있는 사람에게 축하해줘요.

2. 편지는 어떻게 쓰나요

편지는 쓰고 싶은 대로 자유롭게 쓰는 글 같지만, 형식에 맞춰 써야 읽는 사람이 내용을 잘 이해할 수 있습니다.

[편지 예시]

짝꿍 행복이에게

행복아 안녕? 나 제윤이야.

 어제 즐거운 생활 시간에 크레파스 빌려줘서 고마웠어.
 동물 탈 만들기 준비물에 도화지와 풀, 가위만 가져오고 크레파스 가져오는 걸 깜박했는데 말이야. 네가 내 쪽으로 크레파스를 살짝 밀며 "써도 돼."라고 말해 줘서 얼마나 고마웠는지 몰라.
 준비물 제대로 안 챙겨왔다고 선생님께 혼나는 줄 알고 겁먹고 있었거든. 히히. 정말 고마웠어.
 우리 앞으로도 계속 사이좋게 지내자.

그럼 이만 줄일게. 안녕

2009년 4월 6일
제윤 씀

받을 사람
받을 사람의 이름이나 부르는 말을 써요.
(예)영찬이에게, 내 짝꿍 민희에게, 할머니께, 아버지께 등.

첫인사
간단한 인사말 또는 날씨나 계절에 관련된 인사, 안부를 묻는 인사 등을 해요.
(예)안녕?, 안녕하세요?, 벌써 따뜻한 봄이 왔어요. 갑자기 추워진 날씨에 건강은 어떠신가요? 등.

전하고 싶은 말
편지를 쓰는 이유와 전하고 싶은 내용이 드러나게 써요. 하고 싶은 말을 미리 간단하게 적어두면 편지를 쓸 때 빠뜨리지 않아 좋아요.
(예)장난 쳤던 것 사과하기, 상 받은 것 축하하기 등.

끝인사
간단하게 마무리하는 인사말을 적어요.
(예)안녕히 계세요. 다음에 만날 때까지 안녕 등.

쓴 날짜
편지를 쓴 날짜를 적어요.

쓴 사람
보내는 사람의 이름을 적어요. 웃어른에게는 ~올림, ~드림을, 친구나 아랫사람에게는 ~가, ~씀이라고 써요.

아래 편지를 읽고 물음에 답하며 배운 내용을 정리해요.

> 2009년 4월 1일
> 세영아 안녕?
> 내 생일잔치에 널 초대할게. 엄마가 맛있는 음식을 많이 준비해주신다고 하셨어. 음식을 먹은 뒤에는 새로 산 게임기로 함께 신나게 놀자. 신영이랑 세진이, 민호도 올 거야. 꼭 와줘. 알겠지?
>
> 민정이 올림

① 편지를 쓴 이유는 뭔가요?

② 편지에서 이상한 부분을 찾아 고쳐보세요.

③ 민정이가 쓴 편지에는 꼭 들어가야 할 내용이 빠졌어요. 무엇인가요?

3. 마음을 담아 편지를 써요

이제 여러분도 배운 내용을 바탕으로 편지를 써 볼까요? 아래 질문에 답하면서 편지 쓸 준비를 해요.

① 누구에게 쓸 건가요?

② 어떤 종류의 편지를 쓸 건가요?

③ 하고 싶은 말을 간단하게 메모하세요.

④ 35쪽의 편지지에 자신의 마음을 담아 편지를 써요.
  ☞편지를 쓴 뒤 편지지를 틀에 따라 예쁘게 오려요. 뒷면에 보내는 사람과 받는 사람의 주소를 적어 상대에게 전하세요.

보내는 사람

□□□-□□□

받는 사람

□□□-□□□

# 특별하고 생생한 생활문 쓰기

오늘은 토요휴업일!

행복이는 온종일 친구들과 신나게 야구를 했어요. 저녁이 다 되어 집에 돌아온 행복이는 그제야 생활문 쓰기 숙제가 있던 게 생각났어요.

행복이는 "매일 일기를 쓰는데 생활문은 또 뭐람?" 하며 투덜거렸어요. 그리고 어떻게 생활문을 써야 할지 갑자기 막막해졌어요.

행복이는 생활문 쓰기 숙제를 제대로 해 갈 수 있을까요? 행복이와 함께 생활문 쓰는 방법을 차근차근 배워 봐요.

 생각 열기

일기와 생활문은 어떻게 다를까요? 친구들과 자유롭게 이야기 나눠 보세요.

1. 생활문은 어떤 글인가요

우리가 보고, 듣고, 경험한 일에 내 생각을 담아 쓴 글을 생활문이라고 해요. 그런 면에서 일기도 생활문과 비슷하지만 일기는 그날에 있었던 일을 쓴다는 점에서 생활문과 차이가 있어요.

또 일기는 자신만의 비밀스러운 글이지만 생활문은 다른 사람들에게 읽히려고 쓰는 글이랍니다. 생활문은 정해진 주제를 소개하는 설명문이나 자신의 생각을 밝히는 주장글과도 구별됩니다.

아래 두 글을 읽고 어떤 차이가 있는지 비교해 보세요.

우리 가족

우리 가족은 아빠, 엄마, 나, 이렇게 셋입니다.

아빠는 조금 뚱뚱하고 컴퓨터를 만드는 회사에 다니십니다. 저녁에 일찍 들어오셔서 저와 운동도 함께 하고 공부도 봐주시는 자상한 아빠입니다.

엄마는 집 근처에서 미용실을 하십니다. 머리카락을 예쁘게 자른다고 소문이 나서 엄마 미용실에는 항상 손님이 많습니다.

그리고 저는 아홉 살이고 행복초등학교에 다닙니다. 저는 피아노를 잘 치고 책 읽기를 좋아합니다.

가족사진

'하나, 둘, 셋, 찰칵!'

우리 가족은 지난 일요일 사진관에서 가족사진을 찍었어요.

사진을 찾으러 간 우리 가족은 한바탕 웃음이 터졌어요.

"여보! 당신 배 나온 것 좀 봐요" 엄마의 핀잔에도 아빠는 "나 때문에 당신 얼굴이 작아 보여 좋잖아?" 하시며 껄껄 웃으셨어요.

사진관 아저씨는 우리 사진을 가게에 걸어놓으시겠다고 하셨어요. 우리 가족이 사진모델이 된 셈이죠.

나는 우리 가족의 행복한 모습을 사람들에게 뽐낼 수 있게 돼 기분이 참 좋았어요.

2. 글감을 찾아요

생활문을 쓸 때는 먼저 무엇을 쓸지 생각을 정리하면 좋아요. 평소 주변에서 일어나는 일에 관심을 갖고 생각하는 습관을 가지면 생활문을 쓰는 데 도움이 됩니다.

장소나 기분에 따라 내가 겪은 일을 떠올려 보고, 생활문으로 쓰고 싶은 내용을 빈 칸에 정리해요.

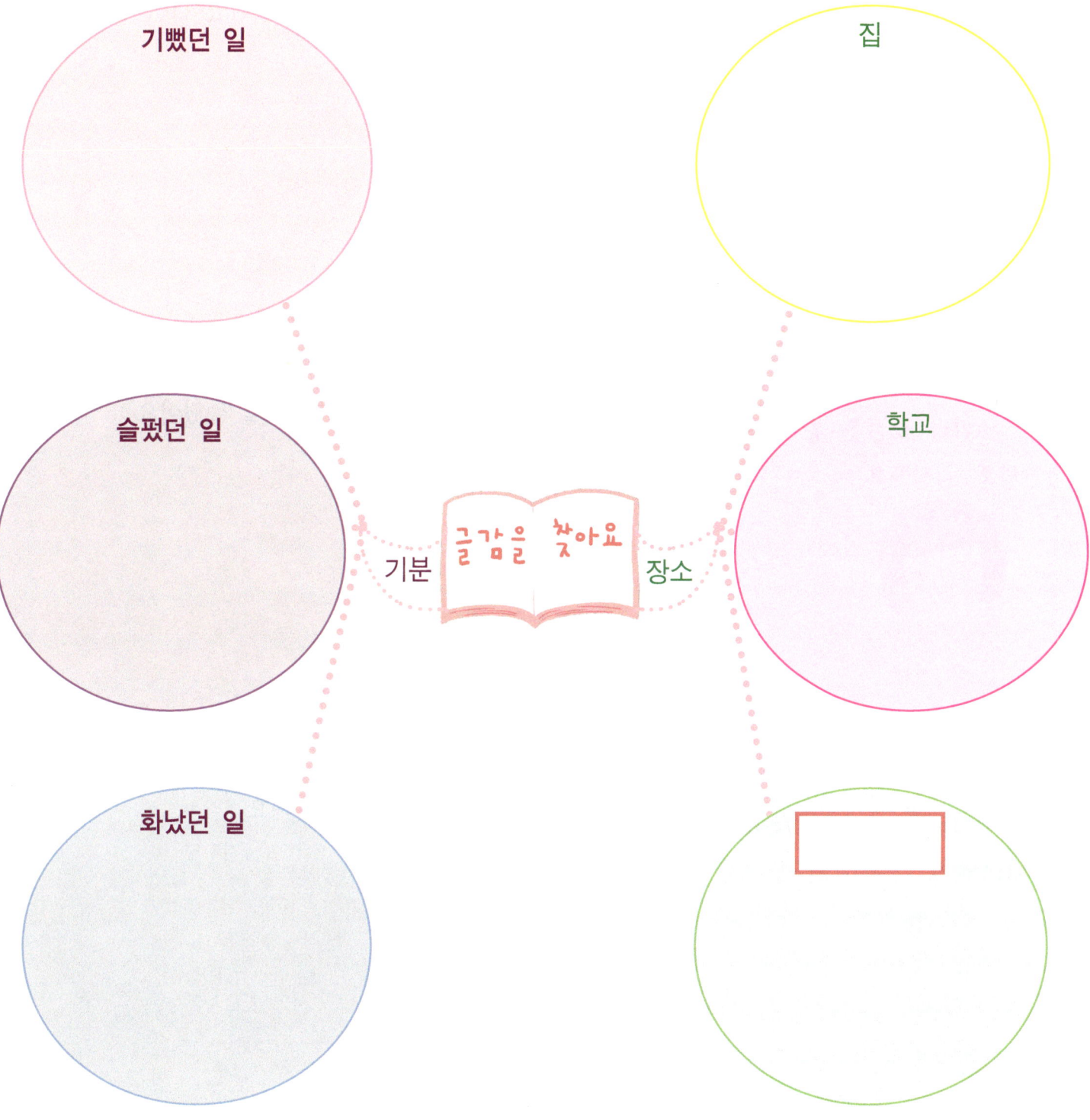

3. 특별하게 시작해요

생활문의 얼굴인 첫머리를 시작하는 방법에는 여러 가지가 있어요. 첫머리를 재미있게 시작하면 글을 읽는 사람이 끝까지 재미있게 읽을 수 있어요.

(예시 글)
학교 수업을 마치고 집으로 가는 길이었어요.

(예시 글)
'딩동딩동' 누군가 급히 현관 벨을 눌렀어요.

(예시 글)
아무리 생각해도 속상하고 억울해요.

4. 대화글을 넣어 실감나게 써요

자신의 생각이나 느낌을 솔직하게 써야 좋은 생활문이라고 할 수 있어요. 생활문을 쓸 때 대화글을 넣으면 상황을 좀 더 생생하게 전달할 수 있답니다.

아래 두 글을 읽고 어떤 차이가 있는지 비교해 보세요.

가

엄마가 아기를 낳으려고 병원에 가셨다. 할머니와 아빠, 나 모두 아기가 빨리 나오길 기다렸다. 나는 동생을 언제쯤 만날 수 있을지 궁금했다. 할머니도 엄마가 아기를 낳느라 너무 고생한다며 걱정하셨다.

드디어 아기 울음소리가 나더니 간호사 누나가 여자 아기를 안고 나왔다.

나

"아빠, 언제쯤이면 동생과 만날 수 있어요?" 나는 아기가 언제 나올지 정말 궁금했다.

"그래, 아범아. 어멈이 너무 고생하는 거 아니냐?" 할머니도 걱정스러운 얼굴을 하셨다.

"으아아앙."

"축하합니다. 공주님이에요." 드디어 간호사 누나가 동생을 안고 나왔다.

① ㉮와 ㉯ 글을 읽고 난 느낌이 어떻게 다른지 이야기해 보세요.

② 다음 글을 대화글로 바꿔 보세요.

(예시 글)
나는 약속 시간에 늦은 민수에게 화를 냈다.
→ "너는 왜 맨날 늦니?" 나는 얼굴을 찡그리며 민수에게 말했다.

선생님께서 그림을 잘 그렸다고 민수를 칭찬하셨다.
→

앞에서 배운 내용을 참고해 생활문을 300자로 써요.

# 자세하고 정확한 설명문 쓰기

행복이가 용돈으로 조립장난감을 사왔어요. 하지만 장난감을 조립하는 일은 생각처럼 쉽지 않았어요. 행복이는 아빠의 도움을 받아 장난감 조립을 마쳤어요.

"우와~ 멋지다." 행복이는 아빠가 정말 대단해 보였어요.

행복이 아빠는 어떻게 금방 장난감을 조립할 수 있었을까요? 방법은 간단해요. 조립장난감 상자에 함께 들어 있는 설명서를 보고 조립하신 거예요.

우리 주위에는 이처럼 사물의 뜻이나 사실을 설명하는 글이 많아요. 이런 글을 설명문이라고 하지요. 이번 시간에는 설명문의 특징과 설명문을 쓰는 방법을 익혀요.

 생각 열기

아래 사진처럼 생활에서 접할 수 있는 설명문을 모두 찾아보세요.

1. 박물관에서 전시한 물건을 설명하는 **안내문**

2.

3.

4.

5.

59

자세하게 설명문 쓰기

1. 설명문은 어떤 글인가요?

어떤 사물이나 사실에 대해 읽는 사람이 쉽게 이해할 수 있도록 자세하게 풀어 쓴 글을 설명문이라고 해요. 설명문은 읽는 사람이 분명히 알 수 있도록 정확한 지식과 사실을 알려야 해요.

동물들은 어떻게 잘까요?

황새는 부리를 깃털 사이에 파묻고 한쪽 다리로 서서 잡니다. 이때 다른 한쪽 다리는 접어 깃털 사이에 넣습니다. 이렇게 서 있으면 몸의 열이 빠져나가는 것을 줄여 추위로부터 몸을 보호할 수 있습니다. 우리나라에서는 황새를 천연기념물로 지정해 보호하고 있습니다.

기린도 서서 자는 동물입니다. 기린은 목과 다리가 길어 누웠다 일어나려면 한참 걸립니다. 누워 자다가 사자나 표범과 같은 적이 다가오면 매우 위험합니다. 그래서 기린은 적이 나타나면 빨리 도망갈 수 있도록 서서 꾸벅꾸벅 조는 듯이 잡니다.

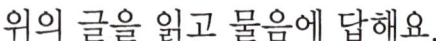

2학년 1학기 읽기 교과서 24쪽 내용 발췌

위의 글을 읽고 물음에 답해요.

무엇을 설명했나요?

새롭게 알게 된 사실은 무엇인가요?

더 알고 싶은 사실은 무엇인가요?

2. 설명하는 방법에는 어떤 것이 있나요?

　설명문을 쓸 때는 생활문이나 독후감처럼 자신의 느낌이나 생각을 쓰면 안 돼요. 자기 나름대로 추측한 내용을 써도 곤란하지요.

　읽는 사람이 설명하는 대상을 쉽게 이해할 수 있도록 여러 가지 방법을 사용해 설명문을 쓸 수 있어요.

 ① 설명하려는 대상의 뜻을 정확하게 알려줘요

　설명문에서는 사전처럼 설명하려는 대상의 뜻을 정확히 풀어쓰면 좋아요. 다음 예시 글을 읽고 여러분도 대상을 정해 그 뜻을 설명하세요.

예시 글

초콜릿은 카카오 열매를 빻아 가루를 낸 것에 설탕·분유·버터 등을 넣어 만든 서양과자로 주로 단맛이 난다.

 ② 공통점과 차이점을 찾아 설명해요

공통점은 두 가지 이상의 사물을 견주었을 때 비슷한 점을 말해요. 차이점은 서로 다른 점을 뜻하지요. 설명하고 싶은 대상을 다른 것과 견주어 공통점과 차이점을 찾아 쓰면 대상의 특징을 잘 드러낼 수 있어요.

다음 글을 읽고 물음에 답하세요.

> 초콜릿과 엿은 모두 어린이들이 좋아하는 간식거리다.
> 초콜릿은 카카오 열매를 빻아 만든 서양과자로, 보통 갈색과 흰색을 띤다. 부드러워 깨물지 않아도 입안에서 살살 녹는다. 엿은 곡식으로 밥을 지어 엿기름으로 삭힌 다음 끈적끈적해질 때까지 고아 만든 음식으로, 전통 과자의 한 종류다. 엿에 입히는 재료에 따라 다양한 색을 띠며 딱딱한 편이다.

① 초콜릿과 엿의 공통점과 차이점을 정리해요.

	초콜릿	엿
공통점		
차이점		

② 자동차를 설명하는 글을 쓰려고 해요. 자전거와 견주어 공통점과 차이점을 찾아보세요.

	자동차	자전거
공통점		
차이점		

③ 작은 부분으로 나누어 설명해요

설명하려는 대상을 작게 나누어 설명하면 이해하기 쉬워요. 다음 글을 읽고 물음에 답하세요.

예시 글

　초콜릿은 초콜릿에 들어 있는 카카오 가루의 양에 따라 다크초콜릿, 밀크초콜릿, 화이트초콜릿으로 나뉜다.
　다크초콜릿은 카카오 가루가 가장 많이 들어간 초콜릿으로, 단맛보다는 쓴맛이 강하다.
　밀크초콜릿은 우리가 흔히 사먹는 초콜릿으로, 다크초콜릿보다는 카카오 가루가 덜 들어 있다.
　화이트초콜릿은 카카오 가루 대신 버터와 분유를 섞어 만든다.

① 초콜릿을 어떻게 나누어 설명했나요?

② 카카오 가루가 가장 많이 들어간 초콜릿부터 차례대로 쓰세요.

③ 여러분도 설명하려는 대상을 작게 나누어 볼까요?

예	토끼	눈, 귀, 털 색깔
	매미	

63

앞에서 배운 내용을 참고해 설명문을 300자로 써요.

설명할 대상

설명할 방법

현장감이 살아있는 기행문 쓰기

행복이는 지난 토요일 가족과 함께 오대산으로 여행을 다녀왔어요. 가족이 모두 처음 밤 기차를 타고 간 여행이었지요.

지금 행복이는 여행 중에 찍은 사진들을 보며 재미있었던 추억을 떠올리고 있어요.

여러분도 행복이와 비슷한 경험이 있겠지요?

행복이와 함께 여행의 즐거움과 추억을 오래 간직할 수 있도록 기행문 쓰는 방법을 알아봐요.

 생각 열기

가족 여행을 하며 찍은 사진을 붙이고 어떤 장면인지 설명해요.

여행의 즐거움을 남겨요

1. 기행문은 어떤 글인가요

다음 글을 읽고 물음에 답하세요.

1

제주도 여행

　우리 가족은 금요일 저녁 제주도로 여행을 떠났다. 난 태어나서 처음 비행기를 타 신이 났다. 비행기에서 내려다 본 제주도는 참 멋있었다.
　제주도에는 야자수가 많아 마치 외국에 온 것 같은 느낌이 들었다. 호텔에 도착하자마자 다들 피곤한지 일찍 잠자리에 들었다.
　다음날 아침 일찍 우리 가족은 한라산으로 향했다. 한라산이 우리나라에서 두 번째로 높은 산이라고 해서 걱정을 많이 했다. 그런데 산이 아름다워 그런지 올라가는데 힘이 조금밖에 들지 않았다.

2

물을 아껴 씁시다

　물은 생활을 편리하게 해줍니다. 물이 있어야 세수를 하고 설거지와 빨래를 할 수 있습니다. 물이 있어야 전기를 만들어 쓰고, 농사도 짓습니다.
　물은 건강에도 도움을 줍니다. 몸속의 찌꺼기가 나가게 돕고 몸의 온도가 일정하게 유지되도록 도와줍니다.
　따라서 우리는 물을 아껴 써야 합니다. 세수를 하거나 양치질을 할 때 필요한 만큼만 물을 받아 씁시다. 수도꼭지도 꽉 잠가야 합니다.

3

콩쥐팥쥐를 읽고

　팥쥐는 정말 나쁘다. 내가 콩쥐라면 팥쥐에게 그렇게 당하고만 있지 않았을 것이다.
　그래도 콩쥐는 운이 좋다. 어려움이 닥칠 때마다 누군가가 나타나 도와주니 말이다.
　나도 콩쥐처럼 어려운 일이 생길 때마다 누가 도와준다면 얼마나 좋을까.

① 66쪽에 실린 세 개의 글과 관계있는 내용을 골라 동그라미 안에 번호를 쓰고 줄로 이어요.

- 책을 읽고 썼어요.
- 여행한 뒤 썼어요.
- 내 의견을 밝혀 썼어요.

- 직접 보고, 듣고, 겪은 일 등을 내 느낌과 함께 써요.
- 내 생각을 다른 사람에게 알리고 설득하는 글이에요.
- 이야기를 통해 받은 감동을 다양한 방법으로 표현해요.

- 독후감
- 논설문
- 기행문

② 기행문은 어떤 글인지 여러분이 설명해 주세요.

2. 기행문 이렇게 써보세요

가 시간의 흐름에 따라 여행한 순서대로 써요

아침 일찍 서울 양재역에 모여 버스를 타고 안면도로 출발했다. 안면도에 도착하니 넓은 바다가 가장 먼저 보였다. 염전 체험 학습장에 들러 소금을 만드는 과정을 배우고 직접 소금도 만져 보았다. 점심을 먹고 해변에서 운동회도 했다. 패총박물관에 들러 유물도 보고 해미읍성도 구경했다. 모든 일정이 끝나고 집으로 오는 길은 이상하게 힘도 들지 않았다.

안면도 체험 일정표	
시간	내용
오전	
6:45	양재역(3호선) 8번 출구 모임, 인원 점검
7:05	버스 출발
10:00	안면도 도착
10:10~12:00	안면도 염전 체험
오후	
12:10~1:00	점심 식사, 자유 시간
1:05~2:00	해변 운동회
2:05~6:20	패총박물관 해미읍성 답사
6:30	버스 출발
9:30	서울 도착

나 인상 깊었던 장소를 선택해 자세히 써요

엄마가 신청해 안면도로 체험 학습을 갔다. 나는 그 가운데 염전이 가장 기억에 남았다. 바닷물이 짠 소금으로 이루어진 것은 알았지만 염전에서 바닷물을 이용해 소금 만드는 것을 보니 진짜 신기했다. 염전에서 빛나는 소금은 소금이 아니라 보석 같아 보였다. 염전에서 생산한 소금은 몸에도 좋다니 자주 사먹어야겠다.

'가'와 '나' 글의 장단점을 비교해요.

	장점	단점
가		
나		

3. 기행문을 잘 쓰려면

여행 가기 전에는

　책이나 인터넷 등에서 여행지를 설명한 자료를 모은다. 교통편, 자연 환경, 유물이나 유적, 유명한 장소와 음식, 주민들의 생활 모습 등을 조사한다.

여행 중에는

　여행하며 인상 깊은 풍경이나 활동 모습을 카메라에 담는다. 문화재나 관광지의 안내 책자, 입장권 등도 모은다. 보고, 듣고, 느낀 점은 그때그때 적는다.

여행을 다녀와서는

　여행에서 찍은 사진이나 모은 자료를 정리한다. 더 궁금한 내용이 있으면 선생님이나 부모님께 여쭤보고, 그래도 부족한 부분은 백과사전이나 책, 인터넷 등에서 찾는다.

앞에서 배운 내용을 바탕으로 300자로 기행문을 써요.

어디에 갔나요?	
언제 갔나요?	
누구와 갔나요?	
왜 갔나요?	
기억에 남았던 일과 이유	

내 주장 똑떨어지는 논설문 쓰기

행복이는 학교에서 오자마자 화가 잔뜩 났어요.
"엄마 나 지금 당장 운동화 사주세요."
"운동화가 멀쩡한데 왜 그러니?"
"그냥요. 그냥 사달란 말이에요."
"안 돼! 쓸데없이 떼쓰지 말고 네 방에 들어가!"
　행복이 엄마는 왜 행복이의 말을 들어주지 않으셨을까요?
　자신의 의견을 말할 때는 어떻게 해야 상대를 설득할 수 있을지 함께 생각해 봐요.

 **생각 열기**

　내가 행복이라면 엄마에게 어떻게 이야기했을까요? 엄마가 새 운동화를 사주시고 싶은 마음이 들도록 이야기해 보세요.

설득력 있는 논설문 쓰기

1. 논설문은 어떤 글인가요?

논설문은 어떤 주제에 대해 자신의 의견을 밝히고 다른 사람도 같은 생각이 들도록 설득하는 글을 말해요. 다른 말로 '주장하는 글'이라고도 합니다.

아래 글을 읽고 물음에 답해 보세요.

> 개는 사람들이 아파트에서 가장 많이 기르는 애완동물이다. 개는 털이 많이 빠지고, 시끄럽게 짖는다. 특히 밤에는 개 짖는 소리가 주변 사람들에게 피해를 줄 수 있다. 놀이터 등에 개를 데리고 다니다가 배설물을 치우지 않고 가는 사람도 많아 위생에도 좋지 않다. 이처럼 아파트에서 개를 기르는 것은 주민들에게 불편을 준다. 개를 꼭 기르고 싶다면 아파트가 아니라 단독 주택에서 길러야 한다.

4학년 2학기 읽기 교과서 18쪽 참고

① 무엇에 대해 이야기하고 있나요?

② 주장에 대한 이유를 찾아 밑줄을 그어요.

③ 위 글의 주장에 대해 나는 어떻게 생각하나요?

찬성	반대

논설문에서 자신의 의견을 주장할 때는 다른 사람이 그 주장을 이해하고 받아들일 수 있도록 타당한 이유를 들어야 해요.

다음 예를 살피고 물음에 답해 보세요.

(예시) 주장 : 꽃밭에 들어가지 맙시다.

타당한 이유	타당하지 않은 이유
꽃밭에 들어가면 꽃이 밟혀 죽어요.	나는 꽃밭이 싫어요.

① 친구들이 복도에서 뛰면 안 되는 이유를 말하고 있어요. 타당한 이유에는 ○, 타당하지 않는 이유에는 ×를 해요.

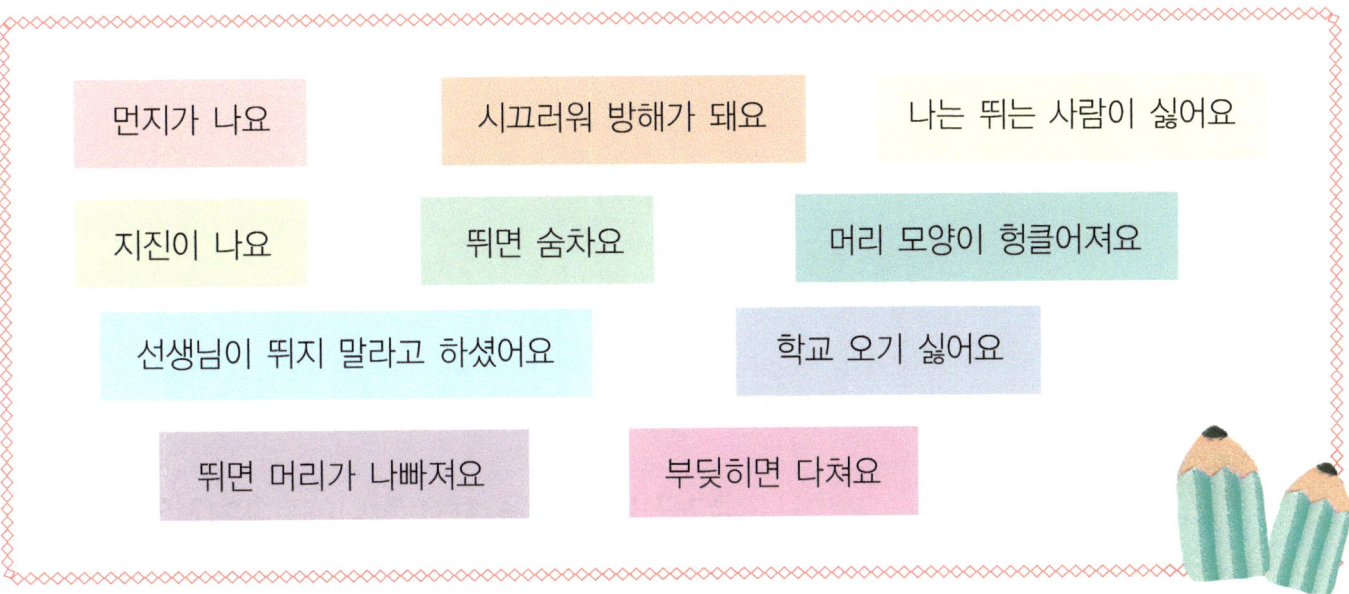

- 먼지가 나요
- 시끄러워 방해가 돼요
- 나는 뛰는 사람이 싫어요
- 지진이 나요
- 뛰면 숨차요
- 머리 모양이 헝클어져요
- 선생님이 뛰지 말라고 하셨어요
- 학교 오기 싫어요
- 뛰면 머리가 나빠져요
- 부딪히면 다쳐요

② 다음 주장에 대해 타당한 이유를 달아 보세요.

주장	불량 식품을 먹지 맙시다.
이유	왜냐하면

주장	교통 질서를 잘 지킵시다.
이유	왜냐하면

친구가 쓴 논설문을 읽고 물음에 답하세요.

학교는 걸어가야 합니다. 걸어가다 보면 친구들과 이야기를 나누며 친해질 수 있습니다. 건강에도 도움이 됩니다.
하지만 학교에 걸어가면 다리가 아픕니다. 그래서 부모님 차를 타고 가면 다리가 아프지 않고 학교에 빨리 갈 수 있어 좋습니다.

규칙적인 생활을 해야 합니다. 규칙적인 생활을 하기 위해서는 가장 먼저 아침에 일찍 일어나 운동을 해야 합니다.
아침·점심·저녁 하루 세 끼를 정해진 시간에 먹고 식사 후에는 꼭 이를 닦아야 합니다.
정해진 시간에 잠자리에 들고 충분히 자야 합니다.

① '가'와 '나' 글은 무엇에 대해 말하고 있나요?

(가)

(나)

② '가'와 '나' 글에서 각각 잘못된 점을 찾아 평가하세요.

가	나

앞에서 배운 내용을 바탕으로 논설문을 써볼까요? 우선 내가 주장하고 싶은 주제를 한 가지 정하고 주장에 대한 이유를 간단히 정리해요.

나의 주장	
이유	

아래 표의 순서대로 논설문을 300자로 써보세요.

처음 내 주장을 말해요	
가운데 주장에 대한 타당한 이유를 들어요	
끝 내 주장을 다시 한 번 정리해요	

# 만점 원고지 쓰는 요령

♣ 문장부호 사용법
문장부호는 문장의 뜻을 정확하게 전달하기 위해 문장 사이에 표시하는 부호입니다.

1. 마침표
문장을 맺을 때 사용하는 부호로 한 칸에 하나씩 표기합니다.

① 온점(.)

문장의 끝이나 숫자로 연, 월, 일을 표시할 때 사용합니다. 온점을 사용한 다음 칸은 비우지 않습니다.

예		집	으	로		돌	아	갈		시	간	이		되	었	습	니	다	.
		20	07	.		10	.	1											

② 물음표(?)

물음표는 의심이나 의문을 나타낼 때 사용합니다.

예		그		고	양	이		정	말		도	둑	고	양	이	일	까	?
		점	심	은		언	제		먹	었	니	?						

③ 느낌표(!)

이름을 부르거나 감탄할 때, 놀라움을 표시할 때, 누군가에게 명령할 때 등 강한 느낌을 나타내는 데 사용합니다. 원고지에서 물음표나 느낌표를 사용한 뒤엔 한 칸을 띄워 씁니다.

예		종	현	아	!													
		지	금		즉	시		대	답	해	!							
		와	!		달	이		정	말		밝	구	나	!				

2. 쉼표
문장에서 잠깐 쉬어야 할 때 사용하는 반점(,)이 있어요.
① 반점(,)

예		콩		심은	데		콩		나	고	,	팥		심은	데
		팥	난	다	.										
		애	야	,		이	리		오	너	라	.			

3. 따옴표
대화를 표현하는 큰따옴표(" ")와 마음 속 생각을 나타내는 작은따옴표(' ')가 있습니다.
① 큰따옴표(" ")

예		창	수	가		영	희	에	게		물	었	다	.	
		"	그		장	난	감		정	말		네		것		맞	아	?	"

② 작은따옴표(' ')

예		토	끼	는		밭	에		심	은		당	근	을		쳐	다	보	며
		생	각	했	다	.													
			'	저		당	근	이		모	두		내		것	이	면		얼	마
		나		좋	을	까	.	'											

4. 줄임표
말을 줄이거나 할 말이 없을 때는 줄임표(……)를 사용합니다.

| 예 | | " | 미 | 안 | 해 | … | … | . | | 많 | 이 | | 아 | 팠 | 지 | ? | " | | |

♣ 원고지 첫 장 쓰는 방법

　원고지에 글을 쓰면 띄어쓰기와 맞춤법 등을 자연스럽게 익힐 수 있고, 글을 얼마만큼 썼는지도 쉽게 알 수 있어 편리합니다.

　원고지 첫머리에는 글의 종류·제목·학교·학년·반·이름 등을 5~6줄에 걸쳐 씁니다.

글의 종류 첫 줄의 둘째 칸부터 씁니다. 〈시〉, 〈독서 감상문〉, 〈일기〉, 〈기행문〉처럼 〈 〉를 넣어 표시합니다.

제목 첫 장 둘째 줄 가운데에 오도록 씁니다. 제목에는 문장부호나 〈 〉, ( ) 등을 쓰지 않는 것이 좋습니다.

학교 이름 제목 아랫줄이나 그 다음 줄에 씁니다. 맨 뒤에 2~3칸을 비웁니다.

학년, 반, 이름 한 줄이나 두 줄로 나눠 씁니다.

	〈	생	활	문	〉							
						김	치	가		좋	아	
							행	복	초	등	학	교
							2	학	년		5	반
									이	행	복	
	장	독	이	는		학	교	에	서		김	치	박	물	관	으	로
체	험		학	습	을		갔	어	요	.		김	치	박	물	관	에	는
많	은		종	류	의		김	치	가		있	었	어	요	.

본문 이름을 쓴 아랫줄을 모두 비운 뒤 첫 칸을 띄우고 씁니다.

♣ 띄어쓰기 방법

원고지는 한 칸에 한 자만 씁니다. 글자가 오른쪽 끝에 와서 문장부호를 쓸 칸이 없을 때는 끝 칸에 글자와 함께 쓰거나 오른쪽 빈 공간에 이어 씁니다.

♣ 대화글 쓰는 방법

대화글을 쓸 때는 전체를 한 칸씩 들여 씁니다. 대화가 끝나고 새로운 글이 시작될 때도 첫 칸은 띄웁니다. 아무리 짧은 대화글이라도 첫 칸은 꼭 띄어 씁니다.

요글조글 답안과 풀이

행복한 일기 쓰기
이런 걸 빼먹으면 안 돼요
♣5쪽

☞예시 답안

나의 하루 생활을 나타낸 거니까 만화라도 일기라고 할 수 있어요.

♣7쪽

1. ☞정답 날짜, 요일, 제목, 내용
2. ☞정답 날씨
3. ☞예시 답안

낮에 언니와 함께 빵을 구워 먹었다.

4. ☞정답 구어→구워/괴로핀→괴롭힌
5. ☞예시 답안

자신의 감정을 숨김없이 솔직하게 표현했다.

♣8쪽

1. ☞예시 답안

(9)월						
일	월	화	수	목	금	토
	1	2	3	4	5	6
7	8	9	10	11	12	13
14	15	16	17	18	19	20
21	22	23	24	25	26	27
28	29	30				

경민이를 ♡한지 100일째 되는 날/짝꿍과 다툰 지 5일째 되는 날 등.

2. ☞예시 답안 생략

♣9쪽

3. ☞예시 답안

보슬비/이슬비/땡볕/활짝 갬 등.

학교에 갈 때는 앞이 보이지 않을 정도로 비가 왔다가 집에 올 때는 거짓말처럼 햇볕이 쨍쨍/굵은 빗방울이 우산을 때려 우산이 아프다고 후두둑 후두둑 소리를 냈다.

4. ☞예시 답안

친구 생일잔치에 가서 내가 피아노를 치고 친구들이 생일 노래를 부름/엄마 아빠와 영화를 보고 돌아오는 길에 아빠가 맛있는 갈비를 사주심 등.

5. ☞예시 답안

멋진 음악회/놀이공원 축제/낙지 먹기는 즐거워/무시무시한 악몽/짝꿍 생일잔치 등.

♣10쪽

6. ☞예시 답안

(9)월						
일	월	화	수	목	금	토
21	22	23	24	25	26	27

날씨 : 파란 하늘에 흰 빵 구름이 둥실둥실

내 짝꿍 생일잔치

아침에 학교에 가니 짝꿍 영애가 예쁜 생일 초대 카드를 주었다. 영애 생일잔치에 갈 생각을 하느라 수업 시간에 선생님 말씀이 귀에 들어오지 않았다.(히히)

수업이 끝난 뒤 친구들과 영애 집에 놀러가 생일 축하 노래를 불러주었다. 친구들이 노래를 부를 때 나는 피아노로 반주를 넣었다. 샘 많은 이슬이가 자기가 피아노 반주를 못하게 되자 입을 삐쭉거리며 나를 노려보았다.

생일잔치가 끝나고 정애는 귀엣말로 "정말 피아노 잘 치더라. 네 덕분에 생일잔치가 더 근사했다."며 눈을 찡긋해 보였다.

내 짝꿍 영애는 친구들에게 여러 가지로 챙겨주는 걸 보니 마음 착한 천사 같다.

내 생각 술술 끄집어내기
♣11쪽

☞예시 답안

비밀이야 알지?	어 그게 뭐더라	흥, 두고 보라고	오호 그렇구나
너 정말 혼나볼래?	좋은 생각이 떠올랐어	아이고 어지러워	날 이길 순 없을 걸

♣14쪽

☞예시 답안

할머니께서 오심→맛있는 저녁 식사→TV를 함께 봄→할머니께서 어깨가 결리다고 하심→어깨 안마→할머니께서 칭찬하심→기분 좋음

♣15쪽
☞예시 답안

단짝 친구가 전학을 가 슬퍼하는 마음을 나타냈다.

♣16쪽
☞예시 답안

남과 다른 방법으로 쓰자
♣17쪽
☞예시 답안

■신문에서 흥미 있는 기사를 읽었어요-신문 일기
■애벌레가 나뭇잎을 갉아먹는 모습을 보았어요-관찰 일기
■재미있는 동화책을 읽었어요-독서 일기
■부모님의 어깨를 주물러 드렸어요-효도 일기

♣19쪽
☞예시 답안

장수풍뎅이 몸은 짙은 밤색이며 반질반질 윤이 난다. 마치 광이 나는 갑옷을 입은 것 같다. 다리는 여러 개의 마디로 나뉘어 있고, 뾰족한 가시가 달려 있다. 머리 앞쪽에는 두 개의 긴 뿔이 나 있고, 뿔끝은 안쪽으로 살짝 휘어져 있다.

♣20쪽
☞예시 답안

중국산 수입 과자에 멜라민이 나왔다고 한다. 우리가 즐겨 먹는 과자에 멜라민을 넣은 어른들을 이해할 수 없다. 생각할수록 화가 난다. 이제 학교 앞이나 동네 가게에서 파는 과자는 겁이 나서 사 먹지 못할 것 같다.
이런 나쁜 짓을 한 어른들은 모두 벌을 줘야 마땅하다고 생각한다.

♣22쪽
☞예시 답안

2008년 11월 28일 금요일

아침에는 햇볕 아가씨, 오후에는 구름 아저씨.
저녁을 먹고 설거지를 했다. 엄마처럼 고무장갑을 끼고 그릇을 닦았다. 고무장갑이 내 손보다 커 자꾸 흘러내렸다.
처음엔 재미있었는데, 나중에는 팔과 어깨가 아팠다. 엄마는 이렇게 힘든 설거지를 매일 하신다고 생각하니 감사하고 죄송한 마음이 들었다.
엄마는 내가 닦은 그릇들을 보시며 잘 닦았다고 칭찬해 주셨다. 아빠도 "오늘 영철이가 큰 효도를 했구나."라고 칭찬해주셨다.
정말 기분이 좋았다.

톡톡 튀는 독후감 쓰기
꼭 글로만 표현해야 할까
♣23쪽
☞예시 답안

평소 우리 엄마가 저를 혼낼 때 모습이랑 똑같아서 깜짝 놀랐어요. 표지 속 엄마의 그림자처럼 우리 엄마도 화가 나시면 마녀가 되요.

♣25쪽

1. ☞예시 답안 생략
2. ☞예시 답안 생략

♣26쪽
☞예시 답안

♣28쪽
☞예시 답안

느낌 : 당나귀가 죽어 안됐지만 말이 당하는 걸 보니 고소하다. 나도 어려운 일을 당한 사람을 보면 못 본 척하지 말고 도와줘야겠다.
사건 : 지친 당나귀는 쓰러져 죽고 말았다. 당나귀 짐까지 지게 된 말은 당나귀를 도와주지 않은 자신의 잘못을 후회했다.
느낌 : 인정도 없는 말이다. 당나귀가 불쌍하다.

사건 : 지친 당나귀는 말에게 짐을 나눠 져달라고 부탁했지만 말은 화를 내며 거절했다.

느낌 : 내가 말이라 해도 당나귀가 부탁했을 때 선뜻 짐을 나눠 지지 않았을 것 같다. 그래서 당나귀가 죽었다는 부분을 읽은 땐 괜히 찔렸다. 말이 그런 꼴을 당하는 걸 보니 앞으로 친구들이 도와달라고 부탁할 땐 거절하지 말고 도와줘야겠다는 생각이 들었다.

줄거리 : 말과 당나귀가 장사꾼을 따라 짐을 싣고 먼 길을 가게 되었다. 지친 당나귀는 말에게 짐을 나눠 질 것을 부탁했다. 하지만 말이 거절하는 바람에 죽고 말았다. 결국 당나귀의 짐까지 모두 진 말은 당나귀를 도와주지 않은 것을 후회했다.

새롭게 안 사실 정리하기

♣29쪽
☞예시 답안

외계인과도 이야기할 수 있나요?/why? 뇌/위기탈출 넘버원

♣30쪽
☞예시 답안

(사실) 이 물감은 인기 가수 정이가 광고하는 물감이다.
(의견) 인기 가수 정이가 광고하는 물감이면 좋은 물감일 것이다/가수 정이가 광고한다고 해서 좋은 물건이라고는 할 수 없다.

♣31쪽
☞예시 답안

도와드리려고 그랬는데……

우리 엄마는 낮잠을 꼭 주무신다. 이때 엄마를 깨우면 뿔난 도깨비가 된다. 물을 먹으려고 부엌에 갔더니 설거지통에 그릇이 가득 쌓여 있었다.(사실)
"엄마를 도와드려야겠다."
그런데 키가 작아서 설거지를 할 수가 없었다. 그래서 식탁 의자를 가져다 놓고 올라갔다.(사실) 깨끗이 닦으려고 세제도 꾹 짰다. 쓱쓱싹싹 문지르니 거품이 뽀글뽀글 생겼다. 어떤 거품은 계속 커지다가 '퐁' 하고 터졌다.(사실) 설거지는 재밌는 놀이 같았다.(의견)
'이렇게 깨끗하게 담아놓으면 엄마가 잘했다고 칭찬하시겠지?'(의견)
그런데 이상하게 아무리 헹궈도 거품이 안 없어졌다.(사실)

"누나! 거품 놀이 하는 거지? 나도 할래."
어느새 경환이가 싱크대 위에 올라와서 앉았다. 그리고 설거지통에 발을 담그고 세제를 짜면서 계속 거품을 만들었다. 하지 말라고 해도 소용없었다.(사실)
"너희 지금 뭐 하는 거니?"
언제 깨셨는지 엄마가 호랑이 얼굴을 하고 나타나셨다.(사실) 싱크대의 뽀글뽀글 거품을 보시더니 세제를 마구 쓰면 물이 오염된다고 막 화를 내셨다.(사실) 부엌도 물바다가 됐다며 나랑 경환이한테 깨끗이 닦아놓으라고 하셨다.(사실)
난 엄마를 도와드리려고 한 건데, 엄마는 그런 내 마음도 몰라주고…… 다음부터는 절대로 엄마를 도와드리지 않을 거다.(의견)

진선출판사가 펴낸 『늘 푸른 환경일기』 중에서

♣32쪽
☞예시 답안

방귀는 구불구불 장에서 만들어. 음식을 삼킬 때 들어온 공기, 음식을 소화시키면서 생긴 가스가 부글부글 대장에서 가득 차면 부우웅!

방귀는 음식을 삼킬 때 들어온 공기와 장에서 음식을 소화시키며 생긴 가스 때문에 생긴다.

♣34쪽
☞예시 답안

알고 있던 것-중국에는 이상한 요리가 많다
새롭게 안 것-바다제비인 칼새의 둥지로 요리를 만든다
더 알고 싶은 것-희귀한 재료로 만든 음식

중국에는 이상한 요리가 많다고 하지만 바다제비 둥지까지 요리로 만들어 먹는 줄은 꿈에도 몰랐다.

바다제비 종류인 칼새는 해초와 물고기 뼈 등을 자신의 끈끈한 침과 섞어 둥지를 짓는데, 이 둥지를 사람들이 떼어내 수프를 만든다고 한다.

세상엔 먹을거리가 참 많은데 꼭 칼새의 둥지까지 끓여 먹을 필요가 있는지 모르겠다. 둥지를 잃은 칼새가 불쌍하다.

내 경험 넣어 실감 더하기

♣35쪽
☞예시 답안 생략

♣37쪽
☞예시 답안

(같아요) 책 속 주인공처럼 겁이 많다/소심하다고 친구들에게 놀림을 당하기도 한다 등.

(달라요) 발표를 시킬까 봐 미리 걱정하지 않는다/선생님께서 발표를 시키시면 머뭇거려 시간이 걸리긴 하지만 발표를 열심히 한다./내가 아는 것이 나오면 손을 들고 발표할 때도 있다 등.

♣38쪽
☞예시 답안

나라면 너처럼 하지 않았을 거야. 밤을 새워서라도 구구단을 달달 외워 떨지 않고 발표할 거야.
선생님과 친구들에게 씩씩한 내 모습을 보여주기 위해 큰소리로 "져요!"하고 손을 들고 발표할 거야.

♣39쪽
☞예시 답안

가족신문 만들기 숙제가 있었다. 엄마, 아빠, 동생까지 모두 모여 가족신문을 정성껏 만들었다.
다음날 담임선생님은 컴퓨터로 예쁘게 꾸민 반장의 가족신문을 보시더니 발표해 보라고 하셨다. 선생님께서 나에게 발표를 시키지 않아 다행이지만, 정성껏 만든 가족신문을 친구들에게 소개하지 못해 아쉬웠다.

♣40쪽
☞예시 답안

호기심이 많아 선생님께 엉뚱한 질문을 하는 에디슨을 보니 자꾸 웃음이 나왔다. 나도 에디슨처럼 수업 시간에 선생님께 엉뚱한 질문을 하다 혼이 난 적이 있기 때문이다. 하지만 나는 수업이 지루해서 장난치려고 질문을 한 거지만 에디슨은 정말 궁금해서 물어본 건데 선생님이 너무하신 것 같다. 아이들 앞에서 바보라고 한 건 정말 심했다. 나라면 창피해서 울었을 것이다.
그러나 이런 호기심이 없었다면 에디슨은 위대한 과학자가 되지 못했을 것이다. 나도 에디슨처럼 모든 일에 호기심을 갖고 관찰하는 태도를 가져야겠다. 물론 수업 시간엔 에디슨처럼 질문을 하진 않겠지만 말이다.

감동이 있는 동시 짓기

♣41쪽
☞예시 답안

아기가 잠자는 모습을 동시로 표현했어요.
아기야 자니?

♣42쪽
1. ☞예시 답안

가 글을 읽으면 비가 내리는 풍경을 눈앞에서 보는 것 같다.
나 글을 읽으면 재미있는 노래를 부르는 것처럼 흥겹다.

2. ☞예시 답안

노래처럼 느껴져요/짧게 간추려 써요/흉내 내는 말을 많이 써요/비슷한 말을 반복해 써요.

♣43쪽
1. ☞예시 답안

매미는 애앵애앵 나무에서.
꿀벌은 붕붕붕붕 꽃밭에서.
참새는 폴짝폴짝 처마에서.
까치는 훨훨 지붕에서.
닭은 꼬꼬댁 꼬꼬댁 닭장에서.
개는 어슬렁어슬렁 문간에서.

2. ☞예시 답안
마당에선
고양이가 어른이래, 에헴!

들녘에선
염소가 어른이래, 에헴!

냇물에선
가재가 어른이래, 에헴!

왜냐구?
말 안 듣는 녀석 따끔하게, 에헴!

♣44쪽
☞예시 답안

꼬꼬 닭아 꼬꼬 닭아
지각대장 내 짝꿍
늦지 않게 깨워 다아구.

코끼리야 코끼리야
울 엄마 이불 빨래
네 발로 밟아 다아구.

토끼야 토끼야
먹기 싫은 당근 반찬
나 대신 먹어 다아구.

♣46쪽

1. ☞예시 답안

　나도 이제 하룻밤만 자면 2학년이다. 새로 받은 2학년 교과서를 큰소리로 읽어 보니 어깨가 으쓱해졌다. 1학년 동생들도 생긴다. 내가 형이 된 느낌이다. 정말 기분이 좋다. 새로운 담임선생님은 어떤 분일지 가슴이 설렌다. 새로 만나게 될 친구들을 생각하니 신이 난다. 빨리 내일이 되었으면 좋겠다.

2. ☞예시 답안

　　　　　　　새 학년
　　　　　　　　　　　　　나행복

　　　　내일이면 나도 2학년
　　　　형아 되는 나도 2학년

　　　　새로운 선생님 생각에
　　　　　가슴이 두근두근

　　　　새로운 친구들 생각에
　　　　　가슴이 콩닥콩닥

　　　　　어서어서 내일이
　　　　　　빨리 왔으면

마음을 움직이는 편지 쓰기

♣47쪽
☞예시 답안

　편지, 전화, 쪽지 등
　편지로 소식을 전하는 방법이 점점 줄고 있어요.

♣48쪽

1. ☞예시 답안

　행복이는 편지를 쓰면서 안나의 화가 풀리길 바라는 마음일 것이고 안나는 행복이의 편지를 읽으면 다시 기분이 좋아질 것이다.

2. ☞예시 답안

　전하고 싶은 말을 빼먹지 않고 할 수 있다/글쓰기 실력을 키울 수 있다.
　■책이나 물건, 여행지 등을 소개해요.→소개 편지
　■학예회, 운동회, 생일잔치 등에 참석해 달라고 알려요.→초대 편지
　■상대의 안부를 묻고 내 안부도 전해요.→안부 편지
　■부모님이나 선생님께 감사의 마음을 전해요.→감사 편지
　■자신의 잘못에 대해 사과와 용서를 구해요.→사과 편지
　■기쁜 일이 있는 사람에게 축하해줘요.→축하 편지

♣50쪽

1. ☞예시 답안

　민정이가 세영이를 자신의 생일잔치에 초대하기 위해

2. ☞예시 답안

　편지 쓴 날짜를 편지 내용 밑에 써야 한다. 민정이와 세영이는 친구이므로 올림이 아니라 민정이가 또는 민정이 씀으로 써야 한다.

3. ☞예시 답안

　생일잔치를 하는 장소와 시간이 빠져있다.

4. ☞예시 답안

　■외할머니께
　■안부 편지
　■보고 싶다는 말, 할머니 보약 드시라는 말, 할머니께서 보내주신 인절미 얘기 등.

♣51쪽
☞예시 답안

　외할머니께
　외할머니 안녕하세요. 할머니 귀여운 손자 행복이에요.
　할머니 그동안 아프신 데 없이 잘 지내고 계세요? 엄마가 할머니께 보내 드린 보약 잘 드시고 계시죠? 할머니께서 약을 잘 챙겨 드시지 않을까 봐 엄마가 걱정 많이 하세요. 할머니 약 드시고 건강하셔야 해요.
　참. 지난번 할머니께서 보내주신 인절미는 맛있게 잘 먹었어요. 역시 할머니께서 만든 떡이 세상에서 제일 맛있는 것 같아요. 할머니 정말 고맙습니다.
　이번 주 토요일에 할머니 댁에 아빠와 엄마와 함께 갈 거예요. 그때까지 안녕히 계세요.
　　　　　　　　　　　　　　2009년 4월 8일
　　　　　　　　　　　　　　손자 행복이 올림

특별하고 생생한 생활문 쓰기

♣53쪽
☞예시 답안 생략

♣54쪽
☞예시 답안

　왼쪽 글은 우리 가족에 대해 자세히 설명하는 글이다. 오

85

른쪽 글은 가족사진을 찍으면서 있었던 일을 자신의 생각을 담아 재미있게 썼다.

♣55쪽
☞예시 답안

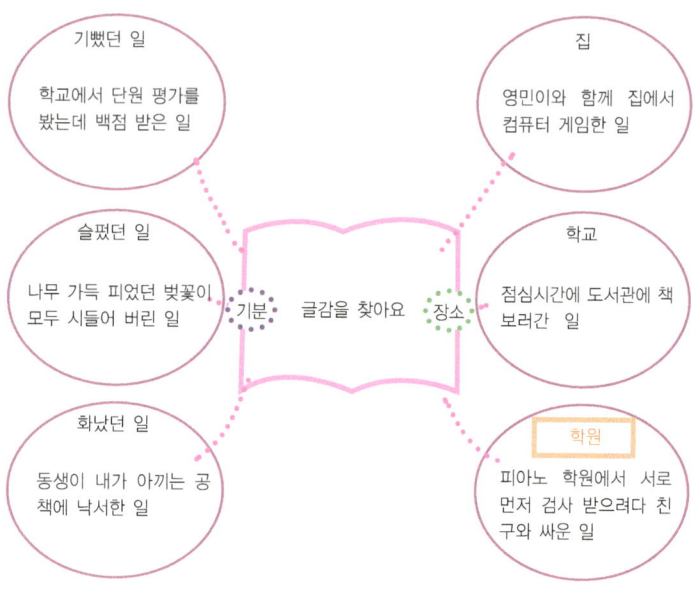

♣56쪽
☞예시 답안
■아파트 놀이터에는 아무도 없었어요.
■후드득후드득 굵은 빗방울이 떨어지기 시작했어요.
■나는 계속 웃음이 나왔어요.

♣57쪽
1. ☞예시 답안
㈏글이 ㈎글에 비해 엄마를 걱정하는 글쓴이와 할머니의 마음 그리고 아기가 나왔을 때의 상황이 더 실감난다.
2. ☞예시 답안
"민수는 정말 그림을 잘 그리는구나." 선생님께 민수 그림을 보며 칭찬하셨다.

♣58쪽
☞예시 답안
후드득후드득 굵은 빗방울이 떨어지기 시작했어요. 놀이터에서 함께 놀려고 모였던 친구들이 "으악"하고 소리를 지르며 모두 아파트 현관으로 뛰어갔어요.
친구들은 모두 비를 쳐다보며 아쉬운 표정을 지었어요.
"얘들아 우리 집에 가서 컴퓨터 게임 할래?"라고 내가 묻자 "이야, 정말 그래도 돼?"하며 영민이가 외쳤어요.
다른 친구들은 모두 집에 돌아간다고 해서 나는 영민이만 데리고 우리 집에 왔어요.

영민이는 엄마가 컴퓨터 게임을 못하게 하셔서 우리 집에 있는 게임이 모두 신기하고 재미있다고 말했어요. 나와 영민이는 이제부터 비가 오면 우리 집에서 함께 컴퓨터 게임을 하며 놀자고 약속했어요.

자세하고 정확한 설명문 쓰기
♣59쪽
☞예시 답안
가전제품 사용설명서/의약품 사용설명서/놀이동산 안내서/사건 사고를 알리는 기사문/낱말의 뜻을 알려주는 사전/과학 원리를 알리는 과학책 등

♣60쪽
☞예시 답안
■무엇을 설명했나요?-동물의 잠자는 방법.
■새롭게 알게 된 사실은 무엇인가요?-황새는 깃털 사이에 머리를 파묻고 한쪽 다리로 서서 자고 기린은 서서 조는 듯 잠을 잔다.
■더 알고 싶은 사실은 무엇인가요?-또 다른 동물들의 특이한 잠자는 방법.

♣61쪽
☞예시 답안

 메달은 쇠붙이에 여러 가지 모양을 새긴 패입니다. 어떤 일을 기념하거나 훌륭한 일을 한 사람을 칭찬할 때 줍니다.

♣62쪽
1. ☞예시 답안

	초콜릿	엿
공통점	어린이들이 좋아하는 간식거리다.	
차이점	카카오 열매를 빻아 만든 서양과자다. 갈색과 흰색이 대다수다.	엿기름을 삭혀 만든 전통과자다. 엿에 입히는 재료에 따라 색이 달라진다.

2. ☞예시 답안

	자동차	자전거
공통점	사람이나 물건을 이동시킬 때 사용하는 교통수단이다.	
차이점	움직이려면 연료가 필요하다. 환경이 오염된다.	연료가 필요하지 않다. 건강에 도움이 된다.

♣63쪽

1. ☞예시 답안
초콜릿에 들어가는 카카오 가루의 양에 따라

2. ☞예시 답안
다크초콜릿-밀크초콜릿-화이트초콜릿

3. ☞예시 답안
머리, 가슴, 배, 날개
꽃-통꽃과 갈래꽃/꽃잎, 암술, 수술, 꽃받침

♣64쪽

☞예시 답안
설명할 대상 : 태권도
설명할 방법 : 설명하려는 대상의 뜻을 정확히 알리는 방법
　태권도는 우리나라 고유의 무술이다. 구령과 함께 찌르기, 치기, 발로 차기 등의 동작으로 공격과 방어를 한다.
　태권도는 어떤 무기도 사용하지 않는다. 남을 공격해서 이기려는 무술이 아니라 자신의 몸을 지키며 평화를 존중하는 무술이기 때문이다.
　태권도 도복은 몸을 움직이는데 불편하지 않도록 약간 여유 있게 입는다. 도복은 주로 흰색이며 허리에 무술의 수준을 나타내는 띠를 맨다. 띠는 흰띠, 노란띠, 초록띠, 청띠, 밤색띠, 빨간띠, 품띠, 검정띠 등 여덟 가지 종류가 있다.

현장감이 살아있는 기행문 쓰기

♣65쪽
☞예시 답안 생략

♣67쪽

1. ☞예시 답안

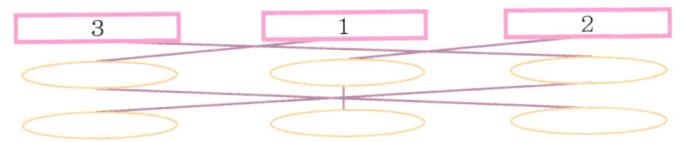

2. ☞예시 답안
　기행문은 여행을 하면서 보고 듣고 느낀 것을 기록한 글이다.

♣68쪽

☞예시 답안

	장점	단점
가	어떤 순서로 여행했는지 한눈에 알 수 있다.	여행지의 모습이나 인상 깊은 장면 등을 자세하게 알 수 없다.
나	여행 장소나 글쓴이의 느낌 등을 자세히 알 수 있다.	다른 여행 장소나 일정을 알 수 없다.

♣70쪽

| 2009년 7월 20일 |
| 강화도 갯벌 |
| 엄마, 아빠, 나 |
| 갯벌 생태를 체험하기 위해 |
| 갯벌에서 게를 잡은 일 |

☞예시 답안
　우리 가족은 아침 일찍부터 서둘러 아빠 차를 타고 강화도 갯벌 체험학습장으로 향했다. 방학 과제를 하기 위해 갯벌 체험을 떠났지만 몹시 기대되었다.
　갯벌은 생각한 것보다 근사했다. 준비한 작은 삽으로 갯벌 바닥을 조심스럽게 파자 예쁘고 다양한 모양의 조개들이 있었다. 조개를 잡다가 갯지렁이를 보고 깜짝 놀라기도 했지만, 농게와 귀여운 망둥어 잡기는 정말 재미있었다.
　우리 가족은 어느새 온몸이 진흙투성이가 되었다. 아빠와 엄마는 서로의 얼굴을 마주 보며 웃으셨다.
　얼마나 신나게 놀았던지 돌아오는 차 속에서 그만 잠이 들었다.
　우리 가족의 강화도 갯벌 체험은 기억에 남는 추억이 될 것이다.

내 주장 똑떨어지는 논술문 쓰기

♣71쪽

☞예시 답안
　엄마, 운동화가 멀쩡하지만 계속 신다보니까 운동화에서 냄새가 나요. 번갈아 신을 수 있게 한 켤레만 더 사주세요.

♣72쪽

1. ☞예시 답안
아파트에서 개를 기르면 안 되는 이유

2. ☞예시 답안
　개는 사람들이 아파트에서 가장 많이 기르는 애완동물이다. 개는 털이 많이 빠지고, 시끄럽게 짖는다. 특히 밤에는 짖는 소리가 주변 사람들에게 피해를 줄 수 있다. 놀이터 등에서 개를 데리고 다니다가 개의 배설물을 치우지 않고 가는 사람도 많아 위생에도 좋지 않다.
　이처럼 아파트에서 개를 기르면 주민을 불편하게 한다. 개

를 꼭 기르고 싶다면 아파트가 아니라 단독 주택에서 길러야 한다.

3. 예시 답안

찬성-나도 개를 기르려면 아파트가 아니라 단독 주택에서 길러야 한다는 의견에 찬성한다. 아파트는 여러 사람이 함께 생활하는 곳이어서 다른 사람에게 피해를 줄 수 있는 일을 해서는 안 된다.

♣73쪽

1. 예시 답안

먼지가 나요(○)/시끄러워 방해가 돼요(○)/나는 뛰는 사람이 싫어요(×)/지진이 나요(×)/뛰면 숨차요(×)/머리 모양이 헝클어져요(×)/선생님이 뛰지 말라고 하셨어요.(○)/학교 오기 싫어요(×)/뛰면 머리가 나빠져요(×)/부딪히면 다쳐요(○)

2. 예시 답안

불량식품에는 우리 건강을 해치는 나쁜 성분들이 들어 있기 때문입니다/교통질서를 지키지 않으면 교통사고를 당할 수 있기 때문입니다.

♣75쪽

1. 예시 답안

가-학교에 가는 방법에 대해
나-규칙적인 생활에 대해

2. 예시 답안

가	나
학교에 걸어가야 한다고 했다가 부모님 차를 타면 빨리 갈 수 있다고 하는 등 무엇을 주장하려는지 알 수 없다.	규칙적인 생활의 여러 방법만 제시하고 정작 규칙적인 생활을 해야 하는 이유(근거)가 빠졌다.

3. 예시 답안

주제	학교 화장실을 깨끗이 사용하자
이유	학교 화장실은 많은 사람이 함께 이용하는 곳이므로 깨끗이 써야 한다. 더러운 화장실에 들어가면 기분이 나쁘다.

♣76쪽

예시 답안

(처음)학교 화장실을 깨끗이 사용합시다.

(가운데)우리 반에는 학교 화장실을 더럽게 사용하는 친구들이 있습니다. 휴지를 바닥에 버리거나 변기 안에 버려 변기가 막히는 사례도 있습니다. 용변을 보고 물을 내리지 않은 채 그냥 나가거나 바닥에 침을 함부로 뱉기도 합니다.

학교 화장실은 많은 사람이 함께 사용하는 곳이므로 깨끗하게 써야 합니다. 더러운 화장실에 들어가면 누구나 기분이 나쁩니다. 자기 집 화장실은 깨끗하게 쓰면서 자기 것이 아니라고 학교 화장실은 함부로 쓰는 것은 잘못된 행동입니다.

(끝)다른 친구들을 배려하는 마음으로 학교 화장실을 깨끗이 사용하면 우리 모두 즐거운 마음으로 학교 생활을 할 수 있을 것입니다.